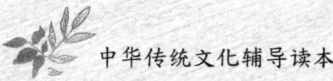

中华传统文化辅导读本

中华传统文化三十六讲

侯永华 黄玉洁 | 编著

文心出版社
·郑州·

图书在版编目（CIP）数据

中华传统文化三十六讲 / 侯永华，黄玉洁编著．--郑州：文心出版社，2023.3（2023.9重印）
ISBN 978-7-5510-2492-1

Ⅰ．①中… Ⅱ．①侯… ②黄… Ⅲ．①中华文化－职业教育－教材 Ⅳ．①K203

中国国家版本馆CIP数据核字（2023）第040515号

中华传统文化三十六讲 侯永华 黄玉洁 / 编著

图书策划：齐占辉
责任编辑：齐占辉
责任校对：冯　蕾
装帧设计：李莱昂
出版发行：文心出版社
　　　　　（郑州市郑东新区祥盛街27号　邮政编码450016）
印　　刷：河南新华印刷集团有限公司
经　　销：各地新华书店
开　　本：880mm×1230mm　1/32
字　　数：250千
印　　张：8.5
版　　次：2023年3月第1版
印　　次：2023年9月第2次印刷
书　　号：ISBN 978-7-5510-2492-1
定　　价：68.50元

前　言

　　中华民族是一个历史文化悠久的民族，有人类文明史以来，中华文化是世界上唯一一脉相承至今而不曾中断的文化。五千多年文明发展中孕育的中华优秀传统文化，积淀着中华民族最深层的精神追求，代表着中华民族独特的精神标识，为中华民族生生不息、发展壮大提供了精神滋养，是我们坚定中国特色社会主义道路自信、理论自信、制度自信、文化自信的精神源头。习近平总书记于2014年10月15日在北京主持文艺工作座谈会时谈道："中华优秀传统文化是中华民族的精神命脉，是涵养社会主义核心价值观的重要源泉，也是我们在世界文化激荡中站稳脚跟的坚实根基。"因此，每一个中国人，特别是青少年学生，一定要了解、认同有着五千多年悠久历史的中华优秀传统文化，自觉传承和弘扬中华优秀传统文化，真正让文化自信在每一个中华儿女心中落地生根。

　　当前，在深化新时代教育评价改革和职业教育与普通教育同等重要的类型定位背景下，职业教育进入了"前景广阔，大有可为"的机遇期。中等职业学校作为国家职业教育体系的根基，应当做到培养学生职业基础能力和文化基础素质"两手抓、两手都要硬",这样才能真正发挥中等职业教育传承技术技能、培养多样化人才的职能,把党和国家对职业教育"大有可为"的殷切期待,转化为职业教育战线"大有作为"的实际行动。

课堂是学校教书育人的主阵地。把中华优秀传统文化全方位融入国民教育各环节、各领域,是传承和发展中华优秀传统文化的重点任务之一。要讲清楚中华优秀传统文化的历史渊源、发展脉络、基本走向,讲清楚其独特创造、价值理念、鲜明特色,必须开设课程,发挥课堂教学的主阵地作用,让学生系统地了解中华优秀文化的核心理念、传统美德、人文精神等内容,在认知和感受中华优秀传统文化魅力的过程中,增强文化自信和精神自觉。

《中华传统文化三十六讲》,本着便于学生理解的原则,沿着历史发展的脉络,通过历史追踪和文化溯源、当代传承和现实联系,将中华传统文化的优秀内容展现在学生面前,融入学生的职业理念之中,激发学生学习传统文化的兴趣,使其在自觉接受传统文化的熏陶中砥砺意志,增强选择职业教育和凭借自身技能实现职业梦想的自信,做到德技并修、知行合一,把个人理想融入实现中华民族伟大复兴的中国梦之中,把志向目标落实到行动中,求真学问、练真本领,为自己的学生时代写满自强不息的精彩篇章,为自己具备未来竞争力增添重要砝码,在未来赢得人生出彩机会的道路上,谱写出属于时代、属于自己的辉煌事业。

目 录

第一章　人文中华

第一讲	千古文明自炎黄始	_003
第二讲	中华文化扬帆起航	_010
第三讲	老子与道家智慧	_018
第四讲	孔子与文教传统	_023
第五讲	中华文脉从未间断	_028
第六讲	中华文化开放包容	_034

第二章　志道据德

第七讲	道尽稽万物之理	_041
第八讲	道不远人，志道而行	_046
第九讲	士有百行，以德为首	_053
第十讲	中华儿女以德为美	_059
第十一讲	君子与理想人格	_067
第十二讲	人人皆可成君子	_073

第三章　依仁游艺

第十三讲	以仁爱之心待人	_081
第十四讲	为仁由己不由人	_086
第十五讲	修艺兴艺，强技安身	_092
第十六讲	乐在艺中，道艺并济	_098
第十七讲	中华传统成人观念	_104
第十八讲	学而不已，成人之道	_110

第四章　　温文尔雅

第十九讲　　腹有诗书气自华　　_119
第二十讲　　诗言志，文载道　　_127
第二十一讲　荡气回肠传千古　　_134
第二十二讲　移风化俗唱雅音　　_141
第二十三讲　书道自然　　_149
第二十四讲　书法可华身　　_157

第五章　　生存智慧

第二十五讲　饮食乐生　　_167
第二十六讲　饮食文明　　_174
第二十七讲　中医养智慧　　_183
第二十八讲　武者内外兼修　　_189
第二十九讲　天地与人文　　_198
第三十讲　　团圆生息的节日观念　　_204

第六章　　匠技匠心

第三十一讲　天人合一的建筑　　_215
第三十二讲　山水情怀的园林　　_223
第三十三讲　衣冠里的丝绸之路　　_232
第三十四讲　四方会通的舟车　　_239
第三十五讲　玉器传君子雅德　　_248
第三十六讲　陶瓷炼古瓷清韵　　_256

第一章

人文中华

第一讲

千古文明自炎黄始

大家都知道，中华民族有着五千多年的文明历史。作为一名中国人，无论文化水平高低、年龄长幼，都会认同自己是"华夏儿女""炎黄子孙""龙的传人"。当然，也有不认同的，对这些人，恐怕十几亿国人会发自内心地把他们定义为"卖国贼""汉奸""走狗"等等。这是为什么呢？这是因为，中华优秀传统文化经过了五千多年的传承与发展，早已融入国人的血脉中，成为中华民族的根和魂。这些，都离不开一个人——黄帝。因此，这节课需要同学们掌握的重点是：**了解黄帝的历史地位，弄清楚黄帝是怎样开创中华文明和中华文化的。**

首先，我们来认识和了解黄帝在中华民族史上的地位。黄帝这个人在中国是介于人和神之间的存在。关于黄帝的神话传说很多：比如，他有四张脸、八只眼，能够洞悉四海八荒；比如，掌管风、火、雷、电的四个神仙曾经都是他的大将，帮助他统一华夏立了大功，才被封为天神……大家有兴趣的话，可以通过网络、图书查阅更多资料。这里，我们需要明确的是：为什么围绕黄帝会有这么多的传说和故事，而且传说中的黄帝还是一个无所不能、能驾驭天神的高大形象呢？这恰恰说明自古以来黄帝早已被中华儿女认定为繁衍传承、生生不息的民族之祖、文化之祖、文明之祖了，还充分显示了中华先民们自觉形成的对民族文化和民族文明的强大自信，因为这些传说无不体现出作为中华先祖的黄帝是非常强大的，而且必须是强大的，这既是后世中华儿女普遍认同的，也是应该认同的。

　　以上是传说中的黄帝。要认识正统意义上的黄帝，就要从西汉时期司马迁撰写的《史记》中查找了，因为《史记》中对黄帝的记载是当前最能被中华儿女普遍认同的。《史记》从黄帝开始写，一直写到汉武帝，以黄帝为主线，将夏、商、周、秦、汉贯穿起来，从正史的角度印证了黄帝以后各时期的中华儿女均是黄帝的子孙后代。《史记》记载：黄帝姓公孙，名轩辕，因为在一个叫姬水的地方长大，所以长大后又姓姬；统一华夏各部落、年老之后，传位给了二儿子昌意的儿子高阳，即颛顼；颛顼年老之后，传位给了黄帝大儿子玄嚣的孙子高辛，即帝喾；帝喾年老

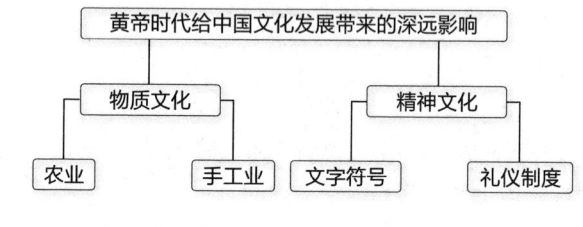

图1-1-1·黄帝像（手绘）

后，先是传位给儿子帝挚，因为帝挚没做出什么成绩，又传位给另一个儿子放勋，就是尧；尧在位70年，传位给了黄帝二儿子的七世孙重华，也就是舜；再往后，夏、商、周的帝王也都是黄帝后代高阳、高辛这两支的后人。而黄帝有25个孩子，除了高阳、高辛两支传承了帝位，其他子孙构成了中华民族世世代代的主干。由此，我们可以看出黄帝在中华民族史中的地位，他就是中华民族统一、传承、发展的根祖。

【拓展链接】

黄帝者，少典之子，姓公孙，名曰轩辕……嫘祖为黄帝正妃，生二子，其后皆有天下：其一曰玄嚣，是为青阳，青阳降居江水；其二曰昌意，降居若水……黄帝崩，葬桥山。其孙昌意之子高阳立，是为帝颛顼也……颛顼崩，而玄嚣之孙高辛立，是为帝喾……帝喾娶陈锋氏女，生放勋。娶娵訾氏女，生挚。帝喾崩，而挚代立。帝挚立，不善，而弟放勋立，是为帝尧……尧立七十年得舜，二十年而老，令舜摄行天子之政，荐之于天……虞舜者，名曰重华。重华父曰瞽叟，瞽叟父曰桥牛，桥牛父曰句望，句望父曰敬康，敬康父曰穷蝉，穷蝉父曰帝颛顼，颛顼父曰昌意：以至舜七世矣。

（摘选自汉代司马迁《史记》）

下面，我们要弄明白为什么中华民族的千古文明源自炎黄。这里，我概括为四句话：结盟统华夏，一战定乾坤；合符龙飞天，开启文明源。

一、结盟统华夏

黄帝没有成为天下共主时，中原大地处于原始氏族部落时期，黄帝领导的部落生活在中原的黄河流域一带，当时在这一带分散着多个强弱不等的大小部落。在其中一个时期,炎帝是部落联盟的首领。炎帝就是神农氏,也是一位祖先神,他最大的贡献是品尝各种草来确定是毒还是药,发现了草药,从而让人民得了病有药治。因为原始时期农业还在起步阶段,各部落为了生存经常发生战争,但这时的炎帝部落没有以前那么强大,对平息各部落之间的战争,炎帝力不从心。而黄帝部落这时也不是最强大的,于是黄帝就主动与炎帝结成同盟。带领部落人民平息了多场战争后,以炎黄为核心吸收其他部落加入联盟,结成了"华夏部落",形成了统一的华夏民族,也奠定了中华先民统一融合的基础。这就是"炎黄子孙""华夏儿女"的根源所在。同时,我们从这里也可以看出,中华民族自先始就是提倡和谐、追求和平的践行者。

【拓展链接】

民有疾,未知药石,炎帝始草木之滋,察其寒、温、平、热之性,辨其君、臣、佐、使之义,尝一日而遇七十毒,神而化之。遂作文书上以疗民疾,而医道自此始矣。

(摘选自清代吴乘权《纲鉴易知录》)

> [译文](上古)先民有了疾病却不知道用药物来治疗,炎帝就开始尝遍百草的滋味,观察它们的寒、温、平、热之性状,辨别它们君、臣、佐、使的组方原则,曾经一天遇到七十种毒,都被神奇化解。于是炎帝把他的观察和实践结果记录下来,并以此来治疗百姓的疾病,医学之道也就从此开始。

二、一战定乾坤

华夏部落逐步形成后,黄河流域的另一个强大部落——蚩尤部落，总是发动侵略战争。最初黄帝部落打不过蚩尤部落，后来华夏部落团结一致逐步变得强大，在如今的河北省涿鹿县与蚩尤部落进行了一场大决战，最终战胜蚩尤，统一了中原各部落，融合后扩大了华夏民族的范围，为华夏民族发展为中华民族做好了前期准备。战败后，蚩尤一族大部分融入了华夏族，有一部分则迁往了湘西、云贵等地繁衍生息。

三、合符龙飞天

说到龙，大家都知道这是中国人的象征，中华儿女也自称是"龙的传人"。而龙的形成，是中华先祖在黄帝的带领下通过民族融合实现的。涿鹿之战统一中原之后，黄帝召集各部落首领在釜山（在现在的河北省境内）召开会议，商讨确定华夏联盟的图腾。因为当时部落很多，各自的图腾都不一样，黄帝就提议吸收多个部落的图腾元素组合成新图腾，共同创造了拥有蛇身、鱼鳞、马头、虎眼、牛舌、鹿角、象牙、羊须、鹰爪"九合一"的龙，统一了各部落的信仰和文化理念。所以，我们中华民族自先祖开始就具有民主的意识、创造的智慧和开放包容的精神。

| 图 1-1-2 · 绿松石龙形器（摄于洛阳博物馆）

【拓展链接】

绿松石龙形器是夏代石器，2002年出土于洛阳偃师二里头遗址。这件石器，龙身长64.5厘米，由两千余片菱形主纹象征鳞纹的绿松石片组合而成，每片绿松石的大小仅有0.2~0.9厘米，厚度仅0.1厘米左右。巨头蜷尾，龙身略呈波状曲伏，中部出脊，色彩绚丽，形象生动。这是迄今为止考古发掘所见的形象最生动、器型最大的绿松石龙形器，在绿松石材质的范围内可称为"中华第一龙"，该龙和相关发现被评为2004年度"中国十大考古发现"之一。绿松石龙形器的发现，证明了早在夏代的时候，先民们已经把龙作为图腾来崇拜。

四、开启文明源

完成了前面三件事之后，黄帝就开始了中华文明的一系列开创性发展，包括：带领先民种植谷物、磨制石器、制作陶器等，为中华民族早期农业文明的形成奠定了基础；让手下官员发明文字、制定音律、发展医学等，在多方面进行文化发明和创造；改变了中华先民穿兽皮、挂树叶的原始生活，黄帝本人发明了冠帽，他的妻子嫘祖发明了养蚕抽丝技术，开启了文明生活。黄帝的这些发明和创造，虽然只是原始形态，但迈出了从原始蒙昧走向文明的第一步，是中华文明和中华文化的种子，没有这些发明和创造的开创性尝试，就没有中华文明和中华文化。因此，黄帝是中华民族的"人文初祖"。

【故事悦读】

黄帝甘拜下风

甘拜下风，指自认为不如别人，对别人心悦诚服。这一成语最早与黄帝有关，出自《庄子·在宥》，原文为："广成子南首而卧，黄帝顺下风，膝行而进，再拜稽首而问曰。"

相传黄帝做了19年的天子，听说广成子明达至道，就特意去崆峒山拜见，向他请教取天地精华养育百姓、掌阴阳二气顺应万物的至道精髓，但广成子却指出了黄帝的很多缺点，把黄帝奚落了一顿。黄帝回去后，独居一间静室修心养性了三个月，再次去请教广成子。这时广成子头朝南躺着，黄帝从风的下方，双膝跪地行走，来到广成子面前，再次叩头行大礼后，请教如何修心养性才能使生命长久的道理。广成子欣然愿意讨论这样的问题，夸赞黄帝问得好，向黄帝阐述了要内心宁静，不要使身体疲劳，不要使精神动荡恍惚，这样才能够达到修养自然强壮的道理，并称大道是没有穷尽的，掌握了这样的大道理，在上可以做皇帝，在下可以做君王，能够在广袤无极的境地逍遥畅游。

第二讲

中华文化扬帆起航

上节课我们了解了黄帝统一华夏、开启中华文化之源的历史贡献。那么，中华文化又经历了什么样的实践探索，才从文化的萌芽状态发展成为较为完整的文化形态呢？这就是这节课需要解决的问题。

在我国史学界，有一个统一的思想，那就是从中华文化绵延五千年的发展过程看：一千年历史看北京，三千年历史看陕西，五千年历史看河南。因为，从黄帝的上古时期的文化萌芽，经历了尧舜时期的实践发育和夏商周时期的成长长成，这个时期的活动区域都是在黄河流域的中原大地，也就是在这一时期，中华文化真正开始了扬帆五千年破浪航行，从"一叶小舟"壮大成为"中国号"文化巨轮。

历史那么浩瀚，中华文化更是悠远。今天去回望历史，哪怕是一个时间很短的阶段到另一个时间很短的阶段，仔细一看就有可能经历了上千年。就像今天我们要学习的中华文化扬帆起航，我们也可以用三句话总结：尧舜立德行天下，劳动推动盛文化，远神近人发萌芽。看似简单的三句话，但这里中华文化至少在历史的时空里行走了1800年。

一、尧舜立德行天下

从黄帝到舜是五帝时期，依次是黄帝、颛顼、帝喾、尧、舜五个人为帝王治理华夏，舜是黄帝的第九代，这一时期至少有两百年。在这一时期，我们的先人们造就了中华文化中最基本、最基础、最广泛的文化传统，这个传统是民族之本、做人之本，这就是"人以德为本，德以孝为先"。尧舜两位圣贤帝王的禅让故事，是这一传统最生动的写照。

尧在位做帝王70年，带领中华先民与大自然斗争，把农耕文化推到了历史的前台，最重要的是他以德为本，慧眼识得了舜这样的有德之士。据说，舜的父亲很不喜欢舜，舜的生母去世后，后母生下了一个弟弟，他们经常合起伙来要把舜害死。有一次，他们让舜挖井，当舜挖到深处的时候，他们就用土填井要把舜埋了。他们以为舜这次必死无疑，但舜从旁边的一个通道逃了出来。大家想，这个时候肯定很尴尬，但舜却能做到像往常一样保持父子情、兄弟情。因此，舜年轻的时候就以孝闻名。尧年老的时候，要寻找接班人，有人推荐了他的儿子丹朱，尧没有任人唯亲，他认为丹朱不合适就选择了推荐人最多的舜。但他也没有随即就传位，而是通过各种方式锻炼考察了舜28年，才传位给他。受尧的影响，舜在位50年，又以同样的方式，传"德"不传子，将王位禅让给了大禹。所以，尧、舜既有以德选贤的慧眼，又有以德为尊的贤能，他们共同开启了中华文化中最优秀的传统——崇德尚贤。因此，孟子说"人皆可为尧舜"，意思就是尧舜的德行不是遥不可及的，是传承在中华民族每个人身上的最朴素的文化，人人都能做到，不论一个人的地位是尊是卑，具备了尧舜的德行你就是尧舜，在这里尧舜已经成为德行的代表。

【拓展链接】

全国道德模范体现了热爱祖国、奉献人民的家国情怀，自强不息、砥砺前行的奋斗精神，积极进取、崇德向善的高尚情操。要广泛宣传道德模范的先进事迹，弘扬道德模范高尚品格，引导人们向道德模范学习，争做崇高道德的践行者、文明风尚的维护者、美好生活的创造者。要培育和践行社会主义核心价值观，推进社会公德、职业道德、家庭美德、个人品德建设，深化群众性精神文明创建活动，着力培养担当民族复兴大任的时代新人，让社会主义道德的阳光温暖人间，让文明的雨露滋润社会，为奋进新时代、共筑中国梦提供强大精神力量和道德支撑。

（摘选自习近平对全国道德模范表彰活动作出的重要指示）

二、劳动推动盛文化

从黄帝到尧舜在中国历史上属上古时期，这一时期主要是部落之间的联盟与统一。真正以国家形态出现，实现了朝代发展的是夏、商、周三朝，有人把国家形态发展期延伸到后来的春秋战国，连同上古时期统称为先秦时代，就是秦始皇统一中国以前的

图 1-2-1·青铜器文物（摄于洛阳博物馆）

时代。夏朝的建立，是中国原始社会的结束，也是奴隶社会的开始，正式开始了王位世袭的朝代更迭。在这里，我们不讨论是先前的王位禅让好，还是之后的王位世袭好，以现代的眼光看历史，已经发生的事实是应该有其存在的必要的，我们只需要认同这些事实给民族文化发展带来的推动。中国历史，夏朝471年、商朝约555年、周朝791年，这1800多年是中华文化发展的第一个兴盛期，最典型的就是青铜文化。这是为什么呢？夏商周的青铜器是我国古代劳动人民智慧的结晶，就是放到当代来讲，也是"一直被模仿，从未被超越"。先民们制作青铜器最初是作为生活用具的，后来又在这些器具上刻上纹饰和文字或改成器乐，赋予了青铜器人文思想，这些青铜器就成了具有文化意义的艺术品。所以，最优秀的中华文化，都是劳动人民创造的，都是劳动智慧和人文思想融合升华的结果，劳动是贯穿中华文化发展历史和未来传承的主动脉。

【拓展链接】

何尊的珍贵之处，除了它凝重大气的造型和神秘华丽的纹饰外，更在于尊内底部发现了一篇12行共122字的铭文，记载了

图 1-2-2 · 何尊铭文（蜡染作品）

周成王营建洛邑、建筑陪都的重要历史事件，极具史料价值，而其中"宅兹中国"（大意为"我要住在天下的中央地区"）更是"中国"最早的文字记载。

（摘选自陈亮《何缘"中国"——何尊》）

三、远神近人发萌芽

在周朝以前，中华先祖的诞生都充满着神话色彩。黄帝生下来就会说话，还能驾驭神仙。炎帝神农牛头人身，手中一根神鞭能去除杂草、分辨草药。商朝的先祖，是帝喾的女儿在河边洗澡时，天降玄鸟给她两只鸟蛋吃，之后怀孕生下了商祖。周朝的祖先，是帝喾的妃子姜原在外游玩时，踩到了一个巨大的脚印后怀孕生下来的。姜原认为这是不祥之物，就把他扔到河里，但河里的很多鱼把他托到水面上，所以水淹不死他；把他扔到街上，不分黑夜白天所有的车马都不会碰到他、伤害他；把他扔到山里，结果很多鸟展开翅膀护着他，还喂他吃的。之所以有这些神话传说，都说明中华先民朴素的人文思想传统，即尊重祖先，把祖先当作神一样敬重，不得有丝毫的亵渎。经历了夏商周的王朝更迭，劳动成为文化的主流，劳动人民成为创造文化的主力，人民成为王朝兴衰的决定因素，人们生活的好坏不再靠祈求神灵，重视民众、尊重民众的思想开始萌芽。比如，夏、商、周，三个王朝的灭亡都是因为最后一个帝王不顾人民死活，特别是夏桀和商纣王更是成为暴君的代名词。而反观三朝的建立者：建立夏朝的大禹，留下"三过家门而不入"的亲民之举；建立商朝的成汤，留下了"网开一面"的宽广胸怀；建立周朝的文王，留下了"夜不闭户"的民生环境。"远神近人"的思想从这时开始孕育，传承发展为当今"以人民为中心"的根本立场，是中华文化继续繁荣兴盛的根本支撑。

【故事悦读】

双槐树遗址：一场雨"冲出"的文明

在伊洛汇流入黄河处的河南巩义河洛镇，有个名为"双槐树"的小村庄。在过去很长的一段时间里，它并不起眼儿，只是静默地居于黄河南岸高台地上，等待与世人相视的一刻。

司马迁在《史记》中写道："昔三代之居，皆在河洛之间。"《易经》中"河出图，洛出书，圣人则之"的记载，更是广为流传。

诸多历史文献，都将最早的"中国"指向黄河流域的河洛地区。中华文明起源的"中原中心说"，也一度是学界的主流观点。但考古工作者们，迟迟未能找到过硬的实证材料。

1984年，河洛镇滩小关村发现一处新石器时代遗址，命名为"滩小关遗址"，并未引起广泛关注。

那是河南考古人与"河洛古国"的第一次擦肩而过。

20世纪90年代初，为配合基建，考古工作者对滩小关遗址进行了小规模发掘。"回过头看，那次的发掘点其实距离双槐树遗址内环壕及1号宫殿都非常近，不过几米。"顾万发（郑州市文物考古研究院院长）回想起来仍颇感遗憾，"要是当时再多布几个探方就好了。"

那是河南考古人与"河洛古国"的第二次擦肩而过。

倏忽，又是10年。2003年，顾万发在花地嘴遗址主持考古发掘工作，一个雨天，无法开工，便和一同避雨的老乡闲聊起来。

"你们不就是在整天找瓦片吗？我们村多得很！"

"您是哪个村的？"

"双槐树。"

这个村庄离滩小关村并不远。顾万发一下提起兴致，那里会不会真"有点好东西"？

又一个雨天，顾万发动身了。在双槐树村，有一个原本为引黄河水灌溉而挖，但并未启用的大型蓄水池，数日的雨水已将池壁冲塌，剖面上，不仅各式各样的陶片堆叠在一起，还暴露出房基、动物骨骼、石斧、石刀等遗迹遗物。

很快，随身携带的两个编织袋就装满了。顾万发和民工师傅一人扛起一袋，冒雨返程。

"我们俩，肩上是文物，脸上是雨水，身上全是泥。"顾万发说，走到一半，他的一只鞋底掉了，只能打赤脚，回到工作站才发现，脚上全是口子。"当时什么都顾不上了，只想着赶紧把捡回来的陶片洗干净。"

通过综合判断，双槐树村发现的陶片明显属于仰韶文化风格，并且器物的等级较高。顾万发立刻意识到重要性。"那感觉简直就是'面朝大海，春暖花开'，就像农民看到了丰收的麦浪。"

此后的钻探发现，滩小关遗址仅是双槐树遗址东北部的一角。双槐树遗址被确认并命名。

2020年春夏之交，这座由北京大学教授、著名考古学家李伯谦建议命名为"河洛古国"的仰韶文化中晚期巨型聚落遗址，迎来揭开神秘面纱的时刻，穿越5300年时光，铺陈在世人眼前。这里有目前发现的中国最早的"宫殿"，开创了中国宫室制度的先河；在居址区的南部，两道370多米长的围墙与北部内壕合围形成了一个18000多平方米的半月形结构，其南段两端围墙组成的造型被专家视为中国最早的瓮城的雏形；这里出土了许多含外来文化因素的器物，说明河洛地区在距今5000年前后已存在文化的汇聚和辐射，体现出兼收并蓄的文化传统。

双槐树遗址的重要考古发现，实证了河洛地区在5300年前后这一中华文明起源的黄金阶段的代表性和影响力，填补了中华文明起源关键时期、关键地区的关键材料。以双槐树遗址为中心的仰韶文化中晚期文明，堪称"早期中华文明的胚胎"。

（摘选自桂娟、袁月明《在"中国"发现中国》）

知识测试（一）

1. 黄帝是上古时期的一位氏族部落首领，生活在 （ ）
   A. 长江流域　B. 珠江流域　C. 黄河流域　D. 松花江流域

2. 黄河是中华文化的摇篮，被中国人称为 （ ）
   A. 母亲河　B. 兄弟河　C. 姊妹河　D. 亲人河

3. 统一中原各氏族部落的先祖是 （ ）
   A. 炎帝　B. 黄帝　C. 蚩尤　D. 共工

4. 炎黄结盟形成了以炎黄部落为核心的 （ ）
   A. 氏族部落　B. 原始部落　C. 炎黄部落　D. 华夏部落

5. 相传，黄帝召集各部落首领在釜山召开了"合符"会议，商定作为华夏部落象征的图腾是 （ ）
   A. 鹰　B. 虎　C. 龙　D. 豹

6. 被称为中华民族"人文初祖"的是 （ ）
   A. 黄帝　B. 炎帝　C. 蚩尤　D. 嫘祖

7. 尧去世前把帝位禅让给了 （ ）
   A. 启　B. 舜　C. 丹朱　D. 后羿

8. 中国史书中记载的第一个世袭制朝代是 （ ）
   A. 汉朝　B. 西周　C. 夏朝　D. 商朝

9. 中国的青铜时代开始于 （ ）
   A. 夏朝　B. 西周　C. 西汉　D. 商朝

10. 中华民族自什么时候起即已进入注重礼乐文明的社会，而这种社会文明思想也经由孔子的儒家思想传承延续了数千年？（ ）
    A. 夏朝　B. 西周　C. 春秋　D. 战国

第三讲
老子与道家智慧

讲中华文化，不能不重点了解春秋时期的文化；中华文化来到春秋时期，不能不重点了解两位文化巨人。今天，我们就来走近其中一位，也是第一位文化巨人——老子。

在了解老子之前，有一个事实同学们需要记住。春秋时期是中华文化发展的第一个空前繁荣期，涌现出来诸子百家的文化先贤，形成了百家争鸣的文化盛景。而诸子百家中很多文化思想都与洛阳有关联，这是洛阳人的骄傲。

【拓展链接】

中国古代伟大的思想家、哲学家老子，长期在洛阳担任周朝的"守藏室之史"，在洛阳居住半个多世纪……在洛阳城北，有个下清宫，以前名叫青牛观，传说是老子拴牛处……在老子拴牛的下清宫北边，还有一个上清宫，相传是老子炼丹养生之所……在瀍河东关大街旁，矗立着一座石碑，碑上"孔子入周问礼乐至此"9个大字，记载着两位思想家史诗般的会晤……《瀍河区志》记载："老子故宅在大通巷北头西侧。"大通巷在瀍河东边，巷子尽头如今是市二十四中家属院，老子故宅就在院子里，现存3间

图 1-3-1·老子出关图（临摹）

建筑。老子故宅负责人王洪涛介绍，现存建筑为明清时期所建，原故宅为三进两院27间房，可惜多已不存。2005年，考古人员曾在市二十四中家属院拆除的旧墙体内发现一块石碑，碑上刻着"孔子西向问礼停车此"，与距离此处不远的"孔子入周问礼乐至此"碑相呼应。

（摘选自田中够《老子：千古圣哲入戏来》）

现在我们先来了解老子。老子是从鬼神信仰时期来到人文思想时期之后的第一人，也是进入人文思想时期后的文化先贤中被神化最多的一个人。比如，《西游记》中用金刚琢把石猴孙悟空打晕的太上老君。其实，老子是真实存在的，他姓李，名字叫李耳，春秋时期的楚国人，关于他的故事有很多，感兴趣的同学可以自己查阅。据史料考证，老子曾经长期在东周王朝的都城洛阳担任东周王朝的国家图书馆和博物馆馆长。他长期钻研各种历史文献资料，潜心思考万物运行的规律，形成了自己的人文思想，并通过对这种思想学说的教育推广，引领当时的民众破除了对鬼神信仰的迷信。所以，老子是中国理性思考命运的第一人，是"远神近人"思想的第一人，是开拓中华文化的第一人。

我们接着来了解老子的思想学说。老子所开创的思想流派被称为"道家",是中华人文史上中华文化第一"家"。他的思想之所以被称为"道家",是因为他的著作《道德经》。《道德经》的成书经过,道家"相反相成""物极必反""柔弱胜刚强"等主要智慧,王霁教授的《中国传统文化》一书中有介绍,同学们可以自学了解。在这里,我主要给大家介绍,为什么道家思想能够在中华文化史上占据第一的位置?因为,从道家开始,中国人在思想上完成了用脑力思考取代鬼神信仰。夏商两朝,鬼神信仰达到了顶峰,当时的君王信,民众也信。有好事喜事了,大家认为是神的赐予;有自然灾害了,大家认为是有人惹怒了天神,派恶鬼来惩罚。其实,这只是表象。之所以当时民众这么相信鬼神,一个原因是上古以来民众的认知能力有限,更重要的原因是作为统治者的帝王为了让民众相信他们是上天派来统治自己的,自己理所应当被奴役、被统治,这实际是统治阶级故意放大鬼神力量的结果。而老子开创道家,代表的是民众思想的觉醒。在当时,尽管民众祈神求鬼,依然天下战火不断,民众生活困苦,归根结底是统治阶级以天神使者自居,任意妄为,不把人民当人看,施政做事只顾自己享乐,不顾人民死活。在老子之前,夏商周的更替,都是统治者思想的觉醒,但他们推翻前一朝代之后,继续沿用以前的思想去麻痹蒙蔽民众,造成了鬼神信仰的周而复始。老子正是看清楚了这一点,从民众角度来思考,提出来"道"的思想。尽管他没有明确给出"道"具体是什么,但他明确了"道"是万事万物的运行规律,这规律是以民众能够摆脱鬼神束缚为出发点的,用"道"去施政做事,就能发挥人的作用,靠人的劳动赢得人的生活幸福。代表民众的思想,自然会被民众接受并信仰。当民众思想觉醒了,鬼神的蒙昧观念自然就没有存在的环境了。这样,中华文化开始了真正意义上的人文思考。

【拓展链接】

老子修道德，其学以自隐无名为务。居周久之，见周之衰，乃遂去。至关，关令尹喜曰："子将隐矣，强为我著书。"于是老子乃著书上下篇，言道德之意五千余言，而去，莫知其始终。

（摘选自汉代司马迁《史记》）

> [译文]老子研究道德学问，他的学说把隐藏自身、不追求功名显达作为重要的宗旨。他长期居住在周朝京城，看到周朝衰落，于是就离开周都。走到函谷关时（今河南省三门峡市灵宝市函谷关镇王垛村），负责把守关口的官员尹喜对他说："您就要隐居起来了，请勉强为我们写一本书吧。"在这种情况下，老子写了一部分上下两篇的著作（即《道德经》），主要是阐述道德的含义，共五千多字，然后就离开了，没有人知道他的下落。

最后，我们简单总结一下老子。老子和他的道家思想，结束了上古的神话传说文化，开启了中华文化的人文传承，对中华文化乃至世界文化都产生了深远的影响。道家思想，是春秋"百家争鸣"各学派的思想起源，诸子百家学派的思想都吸收了道家思想的观点，是中华优秀传统文化中的思想瑰宝。老子的著作《道德经》，其内容包罗万象，蕴含着无穷的生命智慧；老子其人，两千多年前骑着青牛，西出函谷关不知所终，为后人留下了太多的想象空间，让人总会不自觉地手捧《道德经》去寻觅，成为中华优秀传统文化中富有浪漫色彩的传奇之一。

【故事悦读】

上清宫：翠云峰老子炼丹处

上清宫，始建于唐，位于洛阳市北约4公里邙山之巅的翠云峰上。相传，这里为太上老君炼丹处。唐高宗时规模巨大，殿堂巍峨，内有吴道子绘《五圣图》和《老子化胡经》壁画。北宋末年毁于战火，明代两次重修，明末地震加上抗日战争中日机轰炸，现仅余第五殿的翠云洞、老君阁和后偏殿一石碑等。

公元前520年，老子52岁时，周王朝内外交困，发生了争夺王位的内讧，守藏室的典籍全被王子朝等囊括到了楚国。老子见周王室日渐衰落，自己又无书可管了，只好心情酸楚地离开王城，来到城北的邙山最高处翠云峰上，静心炼丹。翠云峰上松柏葱茏，登临远眺，伊洛河和龙门山、万安山等赫然在目，让人心胸顿然开阔。老子在此砌了太极八卦炉，运用内外相同之道理炼将起来，整整炼了九九八十一天，揭炉时轰然一声，犹如地震，只见炉膛里迸射出万道金光，直冲霄汉。老子先自用一粒，顿时脱了凡骨，面露紫气。

老子上山时，为求心静，将所骑青牛拴在翠云峰旁的一条山谷之间。丹成后，老子用仙丹点化青牛，青牛也成了神牛。人成仙体，牛脱凡胎，老子就洒脱地骑上青牛，出函谷关"西游天竺教化胡人"去了。

后人为了纪念这位道教创始人，在翠云峰巅建了庙宇，后称上清宫，在拴青牛处建了"青牛观"，亦叫下清宫，并将拴牛的山谷称为"青牛峪"。明朝诗人张姜谷的《青牛吼谷》就描写了这个故事："大道归何处？白头一老翁。名逃柱下史，丹炼翠云宫。紫气冲关外，青牛吼谷中。流沙越万里，西去觅真空。"

（摘选自寇兴耀、程苏丹《洛阳名胜古迹传说故事》）

第四讲

孔子与文教传统

上节课我们讲了中国历史上两位文化巨人之一的老子，这节课我们要走近另一位文化巨人孔子。孔子出生在春秋时期的鲁国，名字叫孔丘。关于孔子的生平事迹，同学们可以查阅《史记》；关于孔子的学说思想，同学们可以从他主持修订的《诗》《书》《礼》《易》《春秋》这"五经"中深入学习。

孔子与老子相比，年龄上比老子小，孔子早年曾专程到洛阳，向老子请教历代礼乐制度方面的问题，孔子入周问礼纪念碑现在仍在洛阳瀍河区。孔子入周问礼，在中华文化史上是一次巨人之间的握手和思想碰撞，也造就了让后世永远仰望的文化"双子星"。此后，孔子吸收老子的部分思想观点，进一步完善自己的文化思想，创立了儒家学说，从根本上提倡民众"修身齐家治国平天下"的积极作为，长期位居中华文化史上的正统思想地位。

【拓展链接】

孔子创立的儒家学说以及在此基础上发展起来的儒家思想，对中华文明产生了深刻影响，是中国传统文化的重要组成部分。儒家思想同中华民族形成和发展过程中所产生的其他思想文化一道，记载了中华民族自古以来在建设家园的奋斗中开展的精神活

图1-4-1·孔子像（临摹）

动、进行的理性思维、创造的文化成果，反映了中华民族的精神追求，是中华民族生生不息、发展壮大的重要滋养。

研究孔子、研究儒学，是认识中国人的民族特性、认识当今中国人精神世界历史来由的一个重要途径。

（摘选自习近平在纪念孔子诞辰2565周年国际学术研讨会上的讲话）

儒家和道家，是中华传统文化"三教"中的两个，还有一个是佛家，三家可以说三足鼎立、互融互补。需要明确的是，儒道两家是发源于中华民族自身的文化，佛家是外来传入被中华文化包容吸收形成的文化。在这里咱们先谈儒道两家。上节我们学习了解了道家，其开启了民众思想觉醒的先河，但道家核心思想"无为"只是从认识上提出了框架，在实践上过于依赖万物之主的自然规律，容易走入什么都不做的"无为"误区。其实老子提出的"道法自然"的真正本原是，不能刻意违背规律，是该做的要做、不该做的不能做。而儒家，在此基础上明确提出要积极作为，积极承担社会责任，是面对困难要知难而进，是坚守理想要锲而不舍，是有了挫折要乐观豁达。因此在被民众接受的基础上，后经汉武帝"罢黜百家，独尊儒术"，逐渐被统治阶级接受，取代道家成为统治思想。

孔子成名晚于老子，孔子的儒家学派也晚于老子的道家学派出现，但孔子和儒家超越了老子和道家地位的另一个关键原因是，孔子不但在学说思想上与老子齐头并进，而且他还是开创中华文化教育传统新局面的第一人。中国历史上，西周之前学在官府，普通民众是没有学习的权利和机会的，这就形成了事实上的人一出生就有了地位贵贱的区别。而孔子提出来"有教无类"的思想，提倡不论什么人都应该也都可以受到教育。这一思想，对普通民众来说有了改变自己低贱地位的渠道，对帝王来说拓宽了选用能人维护自己统治地位的范围，同时也让中华优秀文化有了深厚的民众基础，得到了广泛的传播和传承，成为中华文化长久不衰、绵延不断的重要动力。同时，孔子本人潜心传道授业，比如精心整理传统典籍，开启以"道德"为核心的文教传统，著书立说传播积极向上的思想主张，是后世公认的中华民族的"万世师表"，是中华优秀传统文化文教传统发展史上独一无二、不可超越的高峰。

【故事悦读】

孔子入周问礼

据载，公元前501年2月，鲁昭公令孔子任中都邑宰。孔子到中都后发现这里的民风低下，遂使出浑身解数，带领弟子南宫敬叔等费了九牛二虎之力，方使这里的秩序安定下来。但他心里明白，这只是暂时的，要使这里真正安定祥和，必须以周礼教化民众，使他们人人遵规守礼，中都才能天下太平。因此，他对南宫敬叔说,我听说老聃博古通今,知晓礼乐的源头,明辨道德的根本,非常想去向他请教如何以礼教化民众的道理。南宫敬叔把孔子的想法禀告给了鲁昭公,昭公允,并送给孔子一辆车和两匹马。孔子遂带南宫敬叔等人向洛阳而去。

孔子到了洛阳后,在周王室守藏室一隅见到了老子。老子说:"你所要问的那些人,他们和自己的骨头早腐烂了,只剩下他们的话罢了。况且,君子逢到好的时代就出来干番事业,遇到不好的时代就像蓬草一样,随风飘转。我听说,好的商人深藏钱财,好像一无所有;很有德行的人,外表看起来却像是愚笨。去掉你的骄气和想入非非、装模作样,以及不切实际的奢望吧,对你没有什么好处。我要对你说的就这些。"

临别时,老子还赠言道:"我听说富贵的人送人钱财,仁义的人送人良言,我不富贵,也不能窃仁者的名声,但还是要告诉您:观察问题很透彻、言辞犀利善辩的人,总会遇到危及自身性命的事,主要原因就在于他好议论人,揭人的短处!作为子女和人臣,言语和行动都不能只考虑自己!"

孔子听了老子的话,回去对自己的学生们说:"鸟,我知道它能飞;鱼,我知道它能游;野兽,我知道它能跑。跑者可用网对付,游者可以用钓丝对付,飞者可以用弓箭对付。至于龙我却无法了解,它乘风驾云直上青天。我今天见的这位老子,大约就是龙一样的人物了。"

之后,孔子在洛阳还游览了周天子召见诸侯和举行国家大典的明堂、祭祀祖先的太庙、祭天地的社坛等,对制定西周礼乐制度的周公更是崇拜。洛阳之行,孔子扩大了眼界,增长了知识。回鲁国后,向他求学的人更多了。

知识测试（二）

1. 中国历史上开创了道家学说的是　　　　　　　　　　（　　）
   A. 老子　B. 孔子　C. 韩非子　D. 庄子

2. 老子对中华文化的重要贡献，是以"道"取代　　　　（　　）
   A. 故事　B. 图腾　C. 鬼神　D. 传说

3. "上善若水"一词来源于谁的人生智慧？　　　　　　（　　）
   A. 孟子　B. 庄子　C. 老子　D. 荀子

4. 老子的思想主要留存在《老子》一书中，此书又被称为（　　）
   A.《法华经》　B.《道德经》　C.《易筋经》　D.《南华经》

5. 中国历史上开创了儒家学说的是　　　　　　　　　　（　　）
   A. 荀子　B. 孟子　C. 墨子　D. 孔子

6. 中国历史上第一位开办私学的人是　　　　　　　　　（　　）
   A. 荀子　B. 孟子　C. 墨子　D. 孔子

7. 孔子晚年的时候精心整理古代传下来的典籍，编为"六经"，分别为《诗》《书》《礼》《易》《春秋》和　　　　　　（　　）
   A.《射》　B.《御》　C.《术》　D.《乐》

8. 中国现存最早的一部编年体史书是　　　　　　　　　（　　）
   A.《诗经》　B.《周易》　C.《春秋》　D.《礼仪》

9. 被追认为中华民族的"至圣先师"和"万世师表"的是（　　）
   A. 荀子　B. 老子　C. 墨子　D. 孔子

10.《论语·述而》中孔子提出的"志于道，据于德，依于仁，游于艺"，是孔子的主要教育思想，其中"游于艺"的意思是（　　）
    A. 培养有道德的人　　B. 培养有志向的人
    C. 培养有仁爱之心的人　D. 培养有才能的人

027

第五讲
中华文脉从未间断

学习中华优秀传统文化,需要弄清楚一个根本问题:"中华文化"是什么?中国人民大学哲学教授王霁曾这样定义:"中华文化是指中华民族五千年奋斗所积累、形成、沉淀,已经融入中华民族血脉当中的民族精神、民族品格和民族习惯。"比如,到了春节、中秋节等传统节日,我们中华各族人民都会以相应的习惯习俗去纪念;中国人从一出生,父母就会教我们身为一个中国人的做人道理。明确了这个概念,我们再来看为什么中华文化历经漫漫五千年从未间断,就有了清晰的脉络。下面,我们来盘点中华文化从未间断的原因。

一、中华文化自身具备保持延续性的强大生命力,这是自身内因

中华文化在从传统中走来的进程中,表现出来的特点是动态发展的、吸收的、扩散的。据中国人民大学王霁教授考察,动态发展方面,以儒学为例,"儒家文化"在孔子创立的基础上,有汉代董仲舒把先秦儒学和黄老之学糅合为一的"儒家文化",也有经过佛教和玄学的冲击之后,在唐宋以后逐渐形成的以"理

图 1-5-1·秦始皇统一六国

学"为主要形态、本体化了的新的"儒家文化"。吸收方面,中华文化有对域内少数民族文化的吸收,如历史上发生的多次少数民族与汉民族的文化融合;有对舶来文化的吸收,如来自印度的佛教文化。扩散方面,从最初的黄河流域文化,经过四方扩散和相互吸纳,最终成就了我们现在这样一个地域广大、融合后的文化体。中华文化的这些特点,决定了中华民族后代子孙都在国家和民族统一的民族精神支撑下,自觉担负起了传承中华文化的责任。

因此,大一统文化观在秦汉形成以后,尽管也经历了两晋时期南北朝"五胡十六国"和唐宋期间五代十国这两次国家大分裂,但不论是任何的王朝改换和少数民族入主中原,还是两次大分裂时期短命小国的"走马灯"式改换,他们的根本出发点都是要成为大一统文化观下的统一国家的君主,这都是对中华文化的继承,不但没有损害中华文化的正统地位,还在前朝的基础上实现了发展。

【拓展链接】

　　"新儒家"用以指宋元明时期的道学或理学，最初是冯友兰为方便西方汉学界认知中国哲学而使用的名词。

　　现当代新儒学思潮形成于五四运动前后东西方文化问题论战和"科学与人生观"论战期间，这也可以视为这一思潮发展的第一阶段。第二阶段思潮发生在抗战时期及抗战胜利后的中国大陆。第三阶段思潮发生在20世纪50年代至70年代的中国台湾和香港地区。第四阶段思潮发生在20世纪70年代至90年代的海外，改革开放后又由一些华人学者引入中国大陆。

（摘选自郭齐勇《当代新儒学思潮概览》）

二、形成了以大一统思想为正统的文化观，这是主要推手

　　这一思想形成于秦汉时期。春秋战国之前，夏商周都是统一的国家，但当时的统治文化是以鬼神信仰为正统的，是缺少相应人文思想的、原始的、蒙昧的统一。春秋战国时期，中华文化人文思想取得了空前发展，原始形态的国家统一被打破，出现了春秋五霸、战国七雄的诸侯割据政权，因为文字、钱币、主要生活工具等文化符号的不统一，社会动荡、战争频繁、民生困苦的局面依然没有改变。到了秦始皇统一天下，实行统一文字、统一货币、统一度量衡等政策，既满足了统治阶级的统治需求，也满足了民众追求安定统一生活的需求。后来经汉武帝将儒家思想推崇为国家主流思想，正式形成了吸收各民族文化和诸子百家思想的大一统中华文化体系。大一统的中华文化，因为有了统治阶级的倡导，就有了一直在推进的上层动力；因为有了对多民族文化的吸收融合，就有了一直在推进的广大民众基础。历经数千年的延续，统一的文化观成为中华民族一代又一代人与生俱来认同和追求的民族情怀。

【拓展链接】

与中国历史发展相伴相随的"大一统"理念，无论是人文范围还是地理范围，都是不断扩展的。"大一统"的人文范围包括以汉族为主体的众多兄弟民族，在今天统称为"中华民族"，其地理范围在历史上是指秦汉唐元明清历代"大一统"王朝的本土疆界，在今天是指按通行的国际法中国所管辖的所有主权领土。"大一统"理念植根于中华民族的文化血脉中，深刻影响了几千年来中国人对国家命运的思考，不仅推动了中国历史的发展，也是我们评价历史人物的一个重要标准。

翻开中国历史，我们发现有一种理念，历经数千年的风风雨雨而长盛不衰，始终贯穿其中，那就是儒家的"大一统"思想。

直到今天，它依然在很大程度上支配着中国人对中国历史和国家前途的思维模式。有学者称中国两千多年"大一统"思想的最大遗产就是中国人崇尚国家统一、民族团结、社会安定的"大一统"精神，它是中华民族文化的内核和灵魂。

（摘选自计秋枫《"大一统"：概念、范围及其历史影响》）

三、逢乱自发保护的民族自觉性，这是民族传承的凝聚力

中华文化除了统治者的正统传承，还有基础民众言传身教的传承，自身具有民族凝聚力，遇到大的社会动荡和民族危机，这种凝聚力就会更加凸显。比如，两晋南北朝动荡期，一批人避走相对安定的甘肃河西地区，发展成河西文化，保存了当时中华文化的种子；南北朝五胡乱华夏、唐末五代十国、宋末蒙古人入主中原等几次大规模民族大南迁，发展成客家文化，保存了当时中华文化的火种；社会动荡之后，固定迁移地的文化与当地固有文

化、回迁原迁地的文化与新入的差异文化，又会自发地进行融合吸收。因此，就成就了中华文化的主脉一体。

【故事悦读】

五大姓氏起源看客家人根在洛阳

客家人根在河洛，这是全球客家人的共识。根据全国第六次人口普查统计结果，人口数量前五的姓是李、王、张、刘、陈，从五大姓氏溯源来说，能充分证明这一点。

李姓起源有两支：一是源于嬴姓，是皋陶的后代。皋陶是舜的大臣，任大理官。皋陶的后代世袭这一官职，并以官职作为姓。商代末年，其后裔理征因执法公正而得罪了纣王，被纣王杀害。理征的妻子带着幼子理利贞出逃，流落到伊侯之墟（洛阳伊水之滨），处境艰难时就摘李树上的果实充饥，得以活命。为了逃避追捕，也为了感激李树的救命之恩，他们就把理姓改为李姓，理利贞就成了李利贞。春秋时的老子李耳，是李利贞的第十一代孙。李姓的另一来源是北魏孝文帝迁都洛阳，实行汉化政策，鲜卑族将自己原来的叱李氏改为李姓。

王姓是中国古老的姓氏之一，有两大源头在洛阳。一是源于姬姓，黄帝后裔。周灵王的太子晋，又称王子晋、王子乔，在历史上被奉为"王氏始祖"。太子晋生于洛阳，后因治水问题被灵王以忤逆之罪废为庶人，但他仍然忧心国事，声名远播。其后人在洛阳任职，世称"王家"。后人遂以王为姓，尊太子晋为王姓始祖。太原王氏和琅琊王氏都是他的后裔，这两支后来都发展成王姓的重要支派。今偃师缑山，相传就是太子晋升仙之处。王姓的第二个来源，是北魏孝文帝在洛阳推行汉化政策时民族融合的结果。

张姓历史悠久，分布很广，来源有两支，最主要的来源是姬姓。

姬姓是黄帝之姓,黄帝的主要活动区域在河洛地区。史载黄帝有25个儿子,得其姓者有14个,夏、商、周三代的君主都是黄帝的子孙。黄帝的第五子少昊也是古帝王之一。少昊有个儿子名挥,是弓箭的发明者。会制作弓箭,使其部落增强了猎捕禽兽的能力。后来,他被任命为弓正,并被赐姓张。其部落后代都姓张。

刘姓可以说是帝王之姓,中国历史上共出了66位姓刘的帝王。刘姓在全国分布非常广泛,来源主要有三个:一是源于祁姓。帝尧姓祁,后裔刘累是夏朝第十四代帝王孔甲的驯兽师,被封在刘地,并被赐以刘姓。据史书记载,今偃师缑氏镇南有刘累故城。后来的西汉高祖刘邦、东汉光武帝刘秀都是此支刘姓之后。二是源于姬姓。东周的分封制也是刘姓出现的又一主因。据《姓氏考略》记载,周顷王封王季之子到刘邑,建刘国,后裔以刘为姓。刘国故城也在今偃师一带。三是源于赐姓和少数民族改姓。北魏孝文帝曾下诏洛阳鲜卑族独孤氏改为刘姓。历史上在洛阳被赐姓的比较多见,而且刘邦称帝后实行和亲政策,许多少数民族先后移居中原,有不少人改为刘姓。

陈姓也源于河洛地区。史载周武王灭商后建立周朝,大封天下。他将舜的后人妫满封于陈地(今河南淮阳,在河洛文化圈内)。妫满去世后,谥号胡公,亦称胡公满。胡公满的支庶子孙以国名为姓,即为陈姓。陈姓的第二个来源,是北魏孝文帝在洛阳实行汉化政策的结果。据《魏书》记载,当年鲜卑贵族侯莫陈氏随孝文帝一起迁都洛阳,于公元496年遵诏把鲜卑复姓改为相近的汉族陈姓。

(摘选自徐礼军、赵新顺《姓氏溯源·根在河洛》)

第六讲
中华文化开放包容

这节课我们要解决的问题是中华文化特质的形成，及其对中华民族伟大复兴的作用。

上节课我们讲到，自身的强大生命力是中华文化从未间断的原因之一，提到了其动态发展的、吸收的、扩散的特点。正是这样的特点，决定了开放包容是中华文化的自有特质。我们先从起源看，中华文化就具备开放包容性，比如，中华文化的源头黄帝部落，黄帝部落以开放的姿态，先是与炎帝等部落融合成为华夏民族，统一各部落后经釜山合符，形成了以黄河流域华夏民族为基础的中华文化萌芽。正是因为从起源上就天生具备了开放包容特质的主观条件，又具备在保持自身本源基础上多元融入的客观条件，历经五千年的发展实践充分证明：中华文化是一种兼收并蓄的文化。

下面，我们通过历史事实和文化现象，来了解中华文化是如何在保持自身本源的基础上多元融入其他文化，在客观上实现兼收并蓄的。

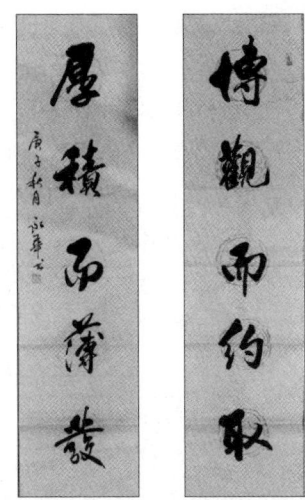

图1-6-1·博观而约取,厚积而薄发(书法)

一、以"三教合流"为代表,中华文化始终能够吸收外来文化的养分,丰富自身的文化内涵

东汉时期,刘秀的儿子汉明帝梦见头顶放光的金色人从西方而来,便派大臣到西域求取佛经,请到两位印度高僧,用白马驮载佛经回到洛阳,兴建白马寺,印度的佛教开始传入中国。佛教的思想之所以在中国得以发展,主要得益于当时中国的本土学者,这些学者又都是经儒道思想洗礼过的,所以佛经的翻译和讲述,融入了儒道理论,是佛教的中国化。发展到唐朝以后,儒、道、佛三家思想已经融合,是互补相生的关系,呈现了"儒家治世、道家治身、佛家治心"各有侧重的特点,中华文化形成了儒、道、佛三家并行,合力推进社会发展的格局。同时,在中国历史上,战国时赵武灵王"胡服骑射"对汉传统的取长补短,南北朝时鲜卑族北魏孝文帝汉化改革加强统治地位,蒙古族建立元朝统一中国以儒家思想治国等事实,都充分说明,中华文化在与外来文化和少数民族文化共生中,实现了包容融合,使之成为中华文化不可分割的一部分。

二、中华文化发展中滋养的文明盛世,都是中华文化多元融合的繁荣期

王霁教授在《中华传统文化》一书中指出:秦汉时期,是中华文化的初期,华夏文化与当时中国国内的匈奴等少数民族和西域文化交融,是融合确立"汉文化"在中华文化史上核心地位的时期;唐宋时期,中国作为世界文化中心,吸引了世界各国人民前来生活学习,哲学、艺术、科技、技艺等多种文化都进行了交流融合,呈现出了"万国来朝"的繁荣盛景,是中华文化领先世界的全盛时期。

【拓展链接】

唐代是自汉至清两千多年社会历史上国力最强盛的时代。唐代的强大,是中华文化以其博大的胸怀广泛吸收来自各方面的异质文化,并在此基础上不断创新的必然结果。

(摘选自许嘉璐《中华文化的前途和使命》)

文化的繁荣可凝聚促进民族前进的力量。中华文化的开放包容,融合出了56个民族同舟共济的中华民族命运共同体;各民族共举中华民族的伟大旗帜,创造了绵延五千年的绚烂中华文化。所以,梁启超在总结我国文化发展历史的基础上,第一次提出"中华民族"的称谓,中华儿女地不分南北、族不分彼此,以中华文化为精神纽带,拥有共同的理想信念和民族利益。这既是文化对民族发展、社会发展的作用体现,也是我们坚定文化自信的根本原因。因此,我们可以看出,中华民族各时期的文明强盛,是中华文化内化凝聚各民族人民血脉,外化为中华民族砥砺前行力量的文明强盛;中华文化也必将凭借这种强大的生命力和感召力,唤起中华民族命运共同体信念和精神的觉醒,在"创造性转化、创新性发展"中,继续繁荣发展,促进中华民族伟大复兴中国梦的实现。

【故事悦读】

大唐盛世的文化开放和包容

唐太宗开启的大唐盛世在文化上显示出一种开放和包容的态势。例如,在艺术领域,隋朝的九部乐到唐朝增为十部乐。九部乐、十部乐不仅包含汉族乐舞和新疆地区少数民族的乐舞,而且包含印度、缅甸、柬埔寨等许多外国乐舞。对外来音乐的喜爱从宫廷、贵族传到城市居民各个阶层,"洛阳家家学胡乐"成了一种时尚。

和"胡乐"相伴的是"胡舞",其中最有名的是胡旋舞(来自康国)、胡腾舞和柘枝舞(来自石国)。白居易和唐代许多诗人都描绘过胡旋舞。当时在宫廷中经常表演"胡乐"和"胡舞"。据记载,舞蹈家谢阿蛮进宫表演胡舞时,"宁王吹玉笛,上(李隆基)羯鼓,妃琵琶,马仙期方响,李龟年觱篥,张野狐箜篌,贺怀智拍板。自旦至午,欢洽异常"。伴奏的这些乐器多数是外来的胡乐器,而演奏者都是当时最高水平的音乐家。唐玄宗李隆基吹奏玉笛和敲击羯鼓都已达到极高水平。当时的重臣宋璟也善羯鼓,他演奏时,"头如青山峰","手如白雨点",充分发挥了羯鼓作为"八音之领袖"(李隆基语)的功能。

大唐帝国这种开放、包容的文化环境吸引了许多国外艺术家来华,其中包括非常杰出的画家、歌唱家、舞蹈家和乐器演奏家。如唐初来华的天竺僧昙摩拙叉、康国人康萨陀、狮子国人金刚三藏等人,都是擅长画佛画的画家;唐末来华的竺元标是天竺画家。还有许多来自中亚地区的歌唱家、舞蹈家和乐器演奏家,如唐高祖时被封为散骑常侍的舞胡安叱奴、玄宗时被封为国公的优伶安金藏,都是安国人;中唐时著名的歌唱家米嘉荣、米和父子都是米国人;琵琶高手康昆仑是康国人;琵琶世家曹保和他的儿子曹善才、孙子曹纲是曹国人。

(摘选自叶朗《谈中华文明的开放性和包容性》)

知识测试（三）

1. 我国古代建立第一个统一的中央集权制国家的是 （　　）
   A. 秦朝　　B. 汉朝　　C. 唐朝　　D. 宋朝

2. 第一个提出"罢黜百家，独尊儒术"的是 （　　）
   A. 荀子　　B. 霍去病　　C. 董仲舒　　D. 汉武帝

3. 推行说汉话、穿汉服、改汉姓改革的少数民族皇帝是 （　　）
   A. 元顺帝　　B. 清太祖　　C. 赵武灵王　　D. 北魏孝文帝

4. 佛教源自印度，传入中国的时间是 （　　）
   A. 南北朝　　B. 东汉　　C. 北宋　　D. 明末

5. 元朝时期重新确立以儒家思想治理国家的皇帝是 （　　）
   A. 元世祖忽必烈　　B. 元宪宗蒙哥
   C. 元睿宗拖雷　　D. 元太宗窝阔台

6. "百国来朝"是形容盛唐时期的哪个城市？ （　　）
   A. 洛阳　　B. 长安　　C. 开封　　D. 北京

7. 儒、道、佛"三教合一"出现在我国历史上的哪个时期？ （　　）
   A. 秦朝　　B. 汉朝　　C. 唐朝　　D. 宋朝

8. "河西文化"是因魏晋中原动乱，一批有学识、有文化的人外出避祸定居留下的汉文化。这一文化位于哪个区域？ （　　）
   A. 广州一带　　B. 福建一带　　C. 甘肃一带　　D. 长沙一带

9. 结束春秋战国各地文化不同发展趋势的标志是（　　）的统一。
   A. 度量衡　　B. 货币　　C. 田亩制度　　D. 文字字形

10. 通过分析中华民族多元性和混合性，第一次提出"中华民族"称谓的是 （　　）
    A. 孙中山　　B. 梁启超　　C. 谭嗣同　　D. 康有为

第二章

志道据德

第七讲
道尽稽万物之理

前面,我们用六节课共同学习了中华文化的历史渊源,基本了解了中华文化的发展脉络和内容的博大精深。从这节课开始,我们学习不同层面的、有时代价值的、传统的中华优秀文化。

总体上讲,中华优秀传统文化涵盖思想理念、价值追求和生活实践等诸多层面的内容,而思想理念则是文以化人的基本条件。作为中华优秀传统文化的继承和发扬者,我们应当首先理解"道"的理念。

"道",最初由老子提出,《道德经》把"道"描述得非常抽象不具体,只可意会。然而,从春秋时期"道"作为第一个人文思想概念被提出,历经三千多年人们的生活实践,从最初的自然发展规律,融合了人们改造自然过程中的主观认识,成为中华传统文化思想理念范畴的核心理念。所以,我们可以把"道"具体理解为人生的目标方向和实现目标的方法技能。为什么这样理解呢?

我们先看"道"最初的概念,《道德经》中说,"人法地,地法天,天法道,道法自然",意思是说天、地、人都有其遵循的道,这个道就是万物的自然运行规律。"道"的提出,是中国人认识自然的开始，人们的生活从信仰鬼神转向了运用自然规律，人与自然共生共存成为人追求的目标方向。随着人意识的发展，人的智慧在自然面前的优势逐渐扩大，人开始在尊重规律的基础上发明创造了新的方法和技能，实现了对万物发展变化的把控，保证了人追求目标的实现。比如，我们的先祖们发明了种植养殖技术，创造了生产工具，改变了被自然奴役的茹毛饮血的生活。随着中华文明的发展，"道"的理念，被中国人融入了更多的智慧认识，成为人们内心判断人世间正邪差异的价值准则。于是，中华民族便有了不可倒行逆施的做人第一准则——秉承正道正义、胸怀天下，这是最高的精神追求和人文优秀传统。在历史上，岳飞精忠报国、文天祥正气浩然、范仲淹忧怀天下、包文正刚直不阿、郑成功收复台湾等等，他们的民族大义和为人之道，一直为后人尊崇；在现实生活中，我们人人都不愿意做偷鸡摸狗的事情，这是因为我们知道这些事属于歪门邪道，不是应该有的正道追求。这就是"道"从万物的最高自然发展规律准则，发展成为人人追求的最高精神境界的结果。

图 2-7-1·红军过雪山图（手绘）

【拓展链接】

古人也常讲，"圣人无常心，以百姓心为心"；"德莫高于爱民，行莫贱于害民"。各级领导干部要一切从人民的利益出发，站在人民群众的立场上立身、处世、从政，真正做到权为民所用、情为民所系、利为民所谋。

（摘选自习近平《之江新语·主仆关系不容颠倒》）

[用典出处] 圣人无常心，以百姓心为心。善者，吾善之；不善者，吾亦善之，德善。信者，吾信之；不信者，吾亦信之，德信。圣人在天下，歙歙焉，为天下浑其心。百姓皆注其耳目，圣人皆孩之。

（摘选自《老子》第四十九章）

> [译文] 圣人没有固定不变的意志，而是以百姓的意志为意志。善良的人，我以善良对待他；不善良的人，我也以善良对待他。这样天下人的品德都善良了。诚信的人，我以诚信对待他，不诚信的人，我也以诚信对待他。这样天下人的品德都诚信了。圣人立于天下，要收敛谨慎啊，让天下人的心灵都变得混沌、纯朴。百姓都专注于自己的视听，圣人让他们都变得像孩童一样。

我们学习理解"道"的精神内涵的目的，是为了树立追求人间正道的大志向，进而实现自身的人生价值。在民族发展史上，以志道精神追求并达到人生至高境界的，周恩来总理是我们的楷模。他从小就立下了"为中华之崛起而读书"的志向，在革命和建设的各个时期，面对各种思潮的影响和冲击，他始终坚守为中国人民谋幸福、为中华民族谋复兴的初始信念不动摇，把自己的毕生精力奉献给了新中国，成就了自己高风亮节的光辉一生，是中国人民心中一座永远不朽的精神丰碑。学习优秀传统文化，是要让优秀传统文化内化于心、外化于行，在现实生活中落地生根。作为新时代的学生，我们传承"道"的优秀传统文化理念，需要从三个方面做起：一是要志存高远，把个人理想融入实现中华民族伟大复兴的中国梦之中，明确人生目标，实现有作为、有价值的人生；二是要立志求真，明确作为学生的正道志向，求真学问、练真本领，发奋成长成才，为自己的人生赢得出彩的机会；三是要知行合一，把志向目标落实到行动上，切忌只说不做、眼高手低，在实现目标的道路上去伪存真、砥砺前行，脚踏实地地奋斗出自己应有的人生状态。

【故事悦读】

正道就在生活中：局量宽厚的王旦

王旦，是三槐王氏始祖王祜的儿子，北宋真宗时名相，去世后配享真宗庙庭，谥号"文正"，故后世称为"王文正"。宋仁宗题其碑首为"全德元老"，为昭勋阁二十四功臣之一。《宋史》《梦溪笔谈》中有与其宽厚有度量相关的故事。

王旦吃饭，如果看见饮食中有不太干净的东西，他也只是不吃而已，并不会说什么，也不会因此而发怒。家人想试试他的度量，就弄了点儿锅灰撒到肉汤中。王旦就只吃米饭，不喝汤，问他为什么不喝肉汤，他说："我今天有点儿不想吃肉。"又一天，家人又在他的米饭里弄了点儿灰，他看到后说："我今天不想吃米饭了，端上点儿粥来吧。"你说这个人可爱不可爱？

有一次，家中晚辈前来告状："厨房里的肉叫厨子给偷了，家里人都没有吃够，您可得惩治一下那几个厨子。"王旦说："按照现在的伙食标准，你们每人一天该给多少肉？"晚辈说："一斤。现在只能吃到半斤，另外半斤让厨子给藏起来了。"王旦说："如果给足一斤，你们可以吃饱吗？"晚辈说："那当然可以吃饱。"王旦说："从今天开始，你们的伙食标准提高到每人一天一斤半肉。"至于那厨子么，呵呵，就算了吧。

又有一次，家里的大门坏了，管家安排拆了重建，临时在门廊下开了一个侧门出入。王旦下朝回家，便走侧门，因为门太低，他在马鞍上伏下身子才勉强过去。至于为什么拆、怎么建的问题，他什么都不问。大门修好了，再从正门走，他还是什么都不问。有个负责给他牵马的卫兵，服役期满，向王旦辞行。王旦问："你在我这里牵马多长时间了？"卫兵说："五年了。"王旦说："我怎么不记得有你？"卫兵转身离去时，王旦又把他叫了回来，说："你是某某吧？"原来这卫兵每天牵马，王旦只看见他的背影，没有看过他的脸。当这个卫兵离去时，王旦又看到他的背影，这才想起来他是谁。于是在卫兵临行时，王旦赠送给他不少财物。

第八讲
道不远人，志道而行

上节课我们明确了道的基本精神内涵。那么，我们一代代国人，是如何把"道"这一核心理念在不断传承中融入日常生活，使之成为一种文化传统延续下来的呢？

最根本的原因，就是道不远人。就是说，道体现在中国人追求的过程中，通过把自然规律和原则准则与人的内心追求结合在一起，实实在在地存在于每个人的生活之中，形成了人的志向，演变成为一种人文文化，在实践中得以传承延续。

这里我们需要明确一个关键问题，我国很多传承下来的传奇故事可能都有一定的虚构，比如岳飞出生时他的母亲梦见了大鹏入怀，才给他取名飞字鹏举。这些都是为了把英雄的形象塑造得更加高大才去虚构的，我们可以不去考证其真伪。但这些故事，恰恰出现在我们的阅读、谈论和期盼之中，是我们希望其真实存在的。按余秋雨先生的观点，这是一种"过程的真实"，这种"过程的真实"比故事本身更有意义，正是这种过程真实哺育着中华文明的生生不息和代代传承。比如，古代有小孩子周岁"抓周"的习俗，大人们拿出很多物件，如官帽、书画、算盘等等，周岁的孩子抓到官帽意味着长大能当官，抓到书画意味着能高中状元。其实这都是为了让孩子从小立下志向，为孩子将来的发展博个好彩头，这实际上也说明了，道在中国人的生活中无处不在，它就是每个人都会有的生存志向。同时，追求的道不相同，其行为之道也不同。比如李时珍因为追求完善医学之道，他才会用30年时间翻阅多种医书典籍，走遍大江南北考证，著出《本草纲目》造福后世。而周幽王不思治理国家，为了博取宠爱妃子一笑，不惜将防御外敌入侵时传递信号的烽火台点燃，拿国家大事当儿戏，等到真正有敌入侵时，烽火燃起却无兵救援，最终落得亡国的下场。

【拓展链接】

　　江南风俗，儿生一期（即满一周岁），为制新衣，盥浴装饰，男则用弓、矢、纸、笔，女则用刀、尺、针、缕，并加饮食之物及珍宝服玩，置之儿前，观其发意所取，以验贪廉愚智，名之为试儿。

（摘选自北齐颜之推《颜氏家训》）

> [译文] 江南的风俗，在孩子出生一周年，要给他缝制新衣，洗浴打扮，男孩就用弓箭纸笔，女孩就用刀尺针线，再加上饮食，还有珍宝和衣服玩具，放在孩子面前，看他动念头拿什么，用来测试他是贪还是廉，是愚还是智，这叫作试儿。

　　明确了道在我们每个人的生活中，接下来就要明确如何践行"道"这一传统文化了，那就是要做到志道而行，把道的追求与我们的志向结合起来。具体该怎么做呢？可以用三句话来概括：现实为立足，做事拘小节，正恒天地宽。

图 2-8-1·抓周（手绘图）

一、现实为立足，这是前提基础

把道与个人志向结合起来，绝不能脱离现实生活去盲目追求，否则就会走向邪道、歪道，与正道背道而驰。清朝的袁世凯，清末新政期间他曾积极推动近代改革，但这个人两面三刀，曾几次在道义面前调转枪口。光绪皇帝发动戊戌变法，以谭嗣同为首的变法派信任袁世凯，与其结成同盟，由他掌管的军队负责对付反对派，可关键时刻他却按兵不动，致使变法失败，谭嗣同等六君子被杀。辛亥革命时期他利用兵权逼末代皇帝溥仪退位，帮助孙中山推翻了清政府，但他窃取革命果实后，又一次背道而驰，恢复帝制，自己当了83天的皇帝，在全国人民的骂声中退位，落得个不光彩的下场。同时期还有一个有名的人物，戊戌变法的倡导者康有为，民国六年的时候，他利用北洋军阀黎元洪和段祺瑞之间的矛盾，和张勋一起拥戴溥仪登基当皇帝，上演了12天的复辟闹剧，从革新派变成了守旧派。这些事例都说明，中华传统文化的道，一定是立足现实生活、顺应历史发展规律的道，脱离了现实规律，不论这个人的名气多大、权位多高，他所追求的道必然是"伪道"，不仅不会实现，而且不会被世人和后人认可，更不会被传承传播。

二、做事拘小节，这是基本要求

老子曾说："天下大事，必作于细。"意思是说做任何事情，都要从细微之处入手，以小见大，这样才能成就自己的事业。明朝开国文臣宋濂，小的时候家里很穷，很喜欢读书却没钱买，只好向别人借。有一次，借到一本很喜欢的书，便决定把书抄下来，但第二天要到还书期限了，他只好连夜抄书。当时正值隆冬，滴水成冰，母亲让他第二天再抄，晚一天还书，可宋濂从小读书，明白东汉名臣陈蕃"一屋不扫，何以扫天下"的道理，还是连夜抄完了书，第二天按时还了书。从东汉陈蕃到明代宋濂，体现出一个共同点，那就是成就大事业者都不应忽略小事。延伸到语文教材中，卖油翁与神箭手的故事告诉我们这样的道理：能把小事做好的人不一定能成就大事业，比如卖油翁能做到透过钱孔往葫芦里倒油而钱孔不沾油，仍很自足自己卖油的营生。但能成大事者都是从注重把小事做好做起的。

三、正恒天地宽，这是关键核心

正，就是要立正直无私之志；恒，就是成就志向追求要持之以恒。南宋有位丞相叫文天祥，率领军队与元朝军队交战，兵败被俘，敌人的软硬兼施和财色利诱对他不起任何作用，最终被杀，留下了"人生自古谁无死？留取丹心照汗青"的浩然正气之歌。共产党员杨靖宇领导东北抗日联军，在东北的白山黑水间与侵华日军英勇斗争，面对日军的围困，靠冰雪和破棉絮充饥，宁死不降，壮烈牺牲。这里面传承的是中华民族只有大义、不存私心的正义之道。同时，志道精神还是一种持之以恒的精神。西汉的司马迁因为李陵案被汉武帝处以宫刑，身心备受摧残，但他坚守史家风范，在狱中写下了不朽的《史记》，成为史家之绝唱。因此传承中华文化之道，就要心有正气、无私无畏、持之以恒。

【拓展链接】

2013年12月，西山无名英雄纪念广场由中国人民解放军总政治部联络部建成。这是为了纪念20世纪50年代初为国家统一大业牺牲于台湾的大批隐蔽战线英烈而建。1949年前后，我军按照中共中央关于解放台湾的决策部署，秘密派遣1500余名干部入台。由于叛徒出卖等原因，岛内地下党组织遭到严重破坏，大批地下党员被捕，其中被国民党当局公审处决的有1100余人。广场上刻着到目前为止、经各方查找发现的846名烈士英名，其中留有许多留白和空格，以便未来发现新的英烈名字可以随时增补上去。在大陆已经获得解放的时候，这些同志本来可以过上安稳、幸福的生活，却选择了别妻离子奔赴孤岛，正是为了完成祖国统一大业不计个人得失生死，真正做到了以身许党、以身许国。

作为学生，我们要从生活中去理解和把握道的存在，确立正确的志向之道，咬定目标不放松，志存高远，行以致远，逐步实现个人行为与道的融通，最终达成个人最高的做人、做事的境界。

【故事悦读】

金藏剖心：小人物的忠义之举

武则天宣布改唐为周当上皇帝后，总觉得有人要谋反，所以对谁都不放心，尤其是对李姓宗室，抱有高度的戒心。有一天，有人诬告她的四儿子李旦谋反，武则天让来俊臣审理这件事。

来俊臣先从李旦周围的人下手，酷刑之下，李旦的侍役们不胜摧残，都欲"自诬"，也就是愿意主动承认来大人妄加给自己的不实之词。心说，太子爷，对不住您了，没办法，实在受不了了，只能承认罪名，招供太子爷谋反了。

但这时有一个人却咬紧了牙关：说太子爷谋反？荒唐，压根儿就没有这回事儿！

这个人叫安金藏。他原是唐代中亚的安国（安息）胡人，他的祖父系利，是六狐州的首领，后来脱离突厥，率部归附了唐朝，被唐朝封为五品定远将军。系利死后，其子安菩继承了他的官位。安金藏是安菩的独生子，公元664年安菩在长安去世。不知是什么原因，安金藏未能继承定远将军封号，却在负责宫廷祭祀乐舞的太常寺做了一名乐工，为太子李旦服务。

安金藏对来俊臣说："来大人，您要是不相信我的话，那我只有用剖心来证明太子没有谋反了！"说完，安金藏拔出佩刀，在来俊臣惊疑不定的注视中，剖开了自己的肚子，肠子流了一地，气绝倒地。

武则天知道了这件事，立刻叫人来救治安金藏。经过了一整夜的忙碌，安金藏终于醒了过来，武则天感叹道："安金藏啊，你可知道我的儿子都不会用这样的方法来证明他们的忠心！你的行为让我相信，只有对国家很忠诚的人才会有这样的勇气，从此以后我决不会再怀疑你了。"然后命令来俊臣立即终止太子一案的审理。就这样安金藏凭借自己的勇敢与忠诚赢得了武则天的信任，也因此让自己和皇子李旦躲过了一场灾祸。

知识测试（四）

1. 既是中华传统文化核心理念，又是中华文化独有概念的是（　　）
   A. 儒　　B. 道　　C. 太极　　D. 八卦

2. "庖丁解牛"的故事出自（　　）
   A.《老子》　　B.《庄子》　　C.《韩非子》　　D.《孟子》

3. 提出"道不同，不相为谋"说法的是（　　）
   A. 老子　　B. 庄子　　C. 孔子　　D. 孟子

4. 撰写"横渠四句"——"为天地立心，为生民立命，为往圣继绝学，为万世开太平"的儒家人物是（　　）
   A. 战国荀子　　B. 西汉董仲舒　　C. 北宋张载　　D. 明朝王阳明

5. "道"的最高境界是（　　）
   A. 志存高远　　B. 不断超越　　C. 顺道而为　　D. 返璞归真

6. "道不远人，人之为道而远人，不可以为道"出自（　　）
   A.《道德经》　　B.《庄子》　　C.《大学》　　D.《中庸》

7. "一屋不扫，何以扫天下"说的是哪位名人的励志故事？（　　）
   A. 孔融　　B. 陈蕃　　C. 程颢　　D. 岳飞

8. 曾经"烽火戏诸侯"的无道君王是（　　）
   A. 秦二世　　B. 周幽王　　C. 殷纣王　　D. 夏桀

9. "管宁割席"讲的是名士管宁用割开同坐席子的方式，表示不愿意与爱慕虚荣的好友继续做朋友的故事。发生在（　　）
   A. 秦汉时期　　B. 魏晋时期　　C. 三国时期　　D. 隋唐时期

10. 以"精忠报国"的爱国正道千古流芳的人物是（　　）
    A. 屈原　　B. 卫青　　C. 韩信　　D. 岳飞

第九讲

士有百行，以德为首

上一节课，同学们明确了应当把对人间正道的追求融入个人志向之中，指引自己走向最高的个人境界。在中华优秀传统文化中，道与德是分不开的。道是核心理念，属于思想引领的范畴；德是品质要求，属于行动自觉的规范。

前面我们讲过，自上古的尧舜时期，以尧舜禅让王位为标志，正式确立了"以德为本"的中华文化传统。随着历史的发展，上至王侯将相，下至普通民众，都以有德为荣、无德为耻，三百六十行，行行都有本行的职业道德。崇德向善就成为中华民族的优秀品质、中华文化的突出特点、中华儿女的品行操守。

我们这节课要解决"据于德"的问题，就是通过学习让大家明白为什么要崇德向善，怎样崇德向善，进而做一名坚守道德底线、自觉崇德向善的人。

【拓展链接】

2001年9月，党中央印发了《公民道德建设实施纲要》。这是在新世纪新阶段加强公民道德建设的一个纲领性文件，大力倡导"爱国守法、明礼诚信、团结友善、勤俭自强、敬业奉献"20

字基本道德规范。2003年9月11日，经党中央同意，中央精神文明建设指导委员会决定，将中央印发《公民道德建设实施纲要》的9月20日定为"公民道德宣传日"。设立"公民道德宣传日"，目的是更广泛地动员社会各界关心支持和参与道德建设，使公民道德建设贴近实际、贴近生活、贴近群众，增强针对性和实效性，促进公民道德素质和社会文明程度的提高，为全面建成小康社会奠定良好的思想道德基础。2007年，中央宣传部、中央文明办、解放军总政治部、全国总工会、共青团中央、全国妇联共同主办首届"全国道德模范"评选活动，之后平均每两年评选一次。

我们为什么要崇德向善呢？这就需要从个人、国家、社会三个层面认识崇德向善的意义。从个人层面看，德是做人的根本。大家可以细细地回想一下自己看过的书、听过的故事、查过的网上资料，我国自古以来有关道德高尚的名人故事比比皆是，如东汉时黄香扇枕温席的故事、晋代王祥卧冰求鲤的故事、宋代杨时程门立雪的故事。关于德的名言警句更是不胜枚举，《淮南子》里讲，"天下有三危：少德而多宠，一危也"，就是说天下有三大危险，缺乏道德是最大的危险。而那些德行操守缺失的人，包括皇帝大臣，比如荒淫无道的隋炀帝杨广，陷害忠臣的秦桧、高俅之辈，历来都是被世人唾骂的。有个成语叫"禽兽不如"，是形容一个人道德败坏的。这些都说明一个问题：崇德向善是做人的底线，守不住这个底线，就是失去做人的根本，这个人就不能称之为人了。

从国家层面看，德是政令畅通、国家强盛的根本。《论语》讲，"为政以德，譬如北辰，居其所而众星共之"，意思是统治者用德治管理一个国家，就会像北极星一样，百姓百官都会自觉围着他转，服从管理。这是被历史证明了的道理，我国历史上的辉煌盛世，如唐太宗的贞观之治、大宋时期的国家繁荣，都是以德治国的结果。而反观唐宋的末年，均是因为全国上下德行不彰，使政令不畅，失去了人民信任的根基，造成了国家大厦的倾倒。

从社会层面看，德是社会安定的根本。回顾我国历史，历代王朝之所以出现社会动荡、民不聊生的局面，大都是整个社会道德风尚低下的结果。比如东汉末年桓帝、灵帝时期有首民谣："举秀才，不知书。察孝廉，父别居。寒素清白浊如泥，高第良将怯如鸡。"说的是当时推举出的秀才大都不认识字，推举出的孝廉大都不孝敬父母，号称清廉的官员大都像污泥一样肮脏，很多武将的胆子大都小得像鸡一样。正因为整个社会失去了崇德向善的正气，时局自东汉陷入了从黄巾军农民起义开始，到三国两晋南北朝近四百年的社会大动荡。

那么，我们要怎样践行崇德向善这一中华优秀传统文化呢？从字面意义上看，崇德是目标，向善是标准，合起来，就是知行合一、向善而行、崇德立身。简单说，就是要修德。

一是要把握崇德的核心和评价标准是向善而行。战国时期的秦穆公一次外出骑马游玩，结果马被一群野人吃了。士兵要杀了这群野人，秦穆公说："他们只是饿了才吃我的马，因为一匹马杀人，不仁！"就放了这群野人。后来，秦国与晋国交战，秦穆公身负重伤被重重包围，正是这群野人救了他。所以，《了凡四训》中有句话叫"人为善，福虽未至，祸已远离"。在这里我们不去讨论这些宿命论，但我们要明确做人做事，心存善念，行做善事，是崇德最基本的体现。

二是要德位相配，以厚德载物。孔子曾说："德薄而位尊，知小而谋大，力少而任重，鲜不及矣。"意思是说，一个人德行浅薄却占据高位，智慧有限却要自作聪明地谋划大事，能力有限却要自不量力地承担重任，这三种情况很少有不引来灾祸的。秦始皇的儿子秦二世胡亥就是这样的例子，论德行能力，他与哥哥公子扶苏相差十万八千里，但是他与赵高、李斯串通，篡改秦始

图 2-9-1·德高望重（书法）

皇的遗诏，害死哥哥扶苏，自己当上了皇帝，但由于他无德无能，很快就亡了国。这也印证了《朱子家训》中讲的"德不配位，必有灾殃"。因此，一个人能承载多少物质形态的东西，要看这个人的支撑力有多大，这个支撑力就是"德"，积蓄的德行力量决定着物的承载量，厚德能载物，德薄物必倾覆。

三是要发自内心，追求"上德"。《道德经》里，把德分为上德和下德。"上德不德，是以有德"，上德就是发自内心、不刻意而为的德行，表面看不出来，这是真正的有德之人；"下德不失德，是以无德"，下德就是故意用某种行为表现自己是有德之人，做的是表面文章，这其实是无德之人。北宋神宗年间，有位著名的宰相王安石，他推行变法本来是好事，但这个人为了把变法推行到位，不惜用龌龊的手段陷害、打击有不同政见的同僚，不顾人民死活强推法令，表面上看是为了江山社稷而鞠躬尽瘁，但实际是为了个人政绩，最终变法失败，丢官罢职。

因此，我们要牢记"人无德不立"，把修德作为个人立足和发展的基础，发自内心地崇尚上德，在一言一行中，把内在的德行外化为向善而为的善行，做到德行合一，让自己的人生道路走得更好、更持久、更远。

【故事悦读】

堕泪碑：名将羊祜以德服人

羊祜，出身于泰山羊氏，爷爷是东汉"悬鱼拒贿"的南阳太守羊续，外公是大文学家蔡邕，岳父是三国大将夏侯霸，姐姐是晋景帝司马师第三任老婆羊徽瑜，可说是典型的"高富帅"。

长大以后，羊祜在晋朝做了官，后来被派到荆州，在襄阳一带与吴国大将陆抗对峙。羊祜每次与吴军交战，都是约定好哪天交兵。就哪天出兵交战，绝对不诱敌，也不发动奇袭。有的将士建议，我们不如早一天出兵杀他一个措手不及，羊祜坚决不允许。羊祜的军队偶然进到了吴国境内，顺手抢割了不少稻谷。羊祜知道了大为不悦，可已经割下来的稻子也送不回去了。因此，他算了一下大约价值多少钱就赶紧赔偿给吴国百姓。甚至双方的士兵出外打猎，打到野兽的话，如果是吴国士兵先射的箭，羊祜一定会命令把猎物送回吴人一方，晋兵虽然心疼不已，也只好听从羊祜的吩咐。

陆抗曾经派人送给羊祜他自酿的美酒，羊祜直接喝了一个痛快，可旁边的士兵却捏了一把冷汗。后来陆抗得了病，羊祜命人送去良药，陆抗也是马上服用。左右都反对，害怕药中有毒，陆抗不以为然地说："羊祜哪里是会下毒的人呢！"果然，不久之后他的病就好了。

把治病的良药送给敌将，看起来似乎不可思议。可实际上，陆抗和羊祜是在比谁的道德更高，以此来赢得民心。这在中国的战争史上是一段难得的佳话。

咸宁四年（278年）的冬天，羊祜去世了。当他的死讯传到荆州，荆州一片哭声。不但晋军哭，连吴军也痛哭流涕，老百姓都没有心情做生意,索性关上门,家家户户似乎都在办丧事。由于羊祜平时喜欢登岘山,襄阳人就在岘山建造了一座巍峨的纪念碑,在旁边又盖了一座庙来纪念这位受人爱戴的大将军。

襄阳人每次登山见到石碑,无不哭得满脸泪痕,因此此碑又被称为"堕泪碑"。一直到唐朝的时候,这个风俗还在流传。唐朝诗人孟浩然有一首《与诸子登岘山》的诗,其中就有一句"羊公碑尚在,读罢泪沾襟"。

第十讲

中华儿女以德为美

中华文化自尧舜时期确立德文化开始,在浩瀚的历史长河中,虽然多次历经血与火的熔炼,中华儿女始终抱定崇德向善的思想理念,秉承以德为美的自觉行动,汇聚出了凝聚中华民族无穷智慧的传统美德,犹如陈年的老酒,无论任何时候开启,都会迸溢出缕缕幽香,醇美绵长,清洌醉人。所以,以德为美不是任何一种力量一厢情愿强加给中华儿女的,而是根植中华沃土的中华民族在实践中的自觉选择。

我们先来看什么是中华传统美德。它是经长期实践,把外在规则内化成的精神品质、民族气节、民族情感以及生活习惯的总和,是具体的、涵盖各个方面的社会存在。有人把中华传统美德概括为自强、孝悌、诚信、礼让、节俭、爱智、尚义、忠贞、仁爱等九个方面。那么,我们怎么才能将中华儿女流传几千年的以德为美理念继续传承下去呢?那就是要把握准中华传统美德的基础。这也可以用三句话概括:**孝为先,忠为上,信为本**。

一、孝为先

前面我们提到过,立德文化的形成是以尧舜禅让为标志的,而大臣们推荐舜,尧禅位给舜,最重要的一点是舜当时是以孝闻名天下的。孝道最初是中华儿女的自觉行为,经过西周皇家把孝作为礼倡导为个人基本品德、春秋战国编著《孝经》完善思想体系、秦朝开始在官修正史立《孝义传》宣传表彰孝子,到汉朝把"以孝治天下"确立为治国基本纲领,孝道从家庭伦理正式上升为社会伦理、政治伦理,孝成为衡量个人品德、官员官德、社会公德、国家政德的第一标准。因此,孝道是德的开始,是对人最基本的道德要求,是中华传统美德的基本元素。关于孝的定义,我国有一部最早的古代汉语词典《尔雅》,里面解释说"善父母为孝",所以,做一名崇德向善的人,要从孝敬父母开始。孝敬父母的形式,我国古代有传统二十四孝故事,2011年我国又评出了新二十四孝故事,课下同学们可以自学领会。孝道在我国传承了几千年,帮助父母做事、为父母供吃供穿,这些都很容易做到。难的是什么呢?孔子的学生子夏问孔子什么是孝的时候,孔子就提出"色难",就是说,孝敬父母最难做到的是始终对父母保持和颜悦色。所以,同学们都可以回忆一下自己对待父母的言行,是不是做到了不顶撞父母、不呵斥父母,做到了这些,才是真正的孝。

图 2-10-1·孝敬父母图(手绘)

【拓展链接】

2012年6月,《中华人民共和国老年人权益保障法》修订草案首次提交全国人大常委会来审议,修订草案中新增一条"常回家看看",引起社会广泛关注和争论。2012年8月13日,全国妇联老龄工作协调办、全国老龄办、全国心系系列活动组委会共同发布新版二十四孝行为标准:

带着妻小常回家,共与父母度节假,生日宴会要举办,亲给父母做做饭,每周不忘打电话,长供父母零钱花,建立父母"关爱卡",聆听父母往事拉,教会父母能上网,常为父母拍照玩,关爱父母说出口,沟通父母心结扣,支持父母之爱好,赞成单亲再婚好,定期父母做体检,购买父母适保险,新闻时事常交流,带着父母参活动,工作地方父母览,陪伴旅行故地逛,能和父母共锻炼,父母活动也露脸,陪着父母访老友,提供书报老电影。

二、忠为上

什么是忠?《孝经》里的解释是:"忠也者,一其心之谓也。"意思是,忠就是一心一意。这包括人对国家民族、对社会家庭、对山河万物、对真理信仰、对职业岗位等等,都能始终如一、尽心竭力。东汉马融所著的《忠经》讲,"天下至德,莫大乎忠",就是说,普天之下,人最高的美德,就是做到忠。因此,忠,是一个人德行中的上德,是中华传统美德的最高境界。那么,一个人的一生要面对很多不同的人和事,怎样才算做到了忠呢?那就是坚持发自内心、不存私心地去面对、去完成。春秋五霸之一的齐桓公,手下有个厨师叫易牙,为了让桓公吃得美味杀了自己的儿子炖成汤;手下有个大臣叫开方,为了表示忠心15年侍奉左右,连父母死了都不回家;手下有个太监叫竖刁,为了能常随其左右,自己把自己阉割了。齐桓公因此非常信任这三个人,认为他们是忠诚于自己的,其实他们是心存私心,为了自己的荣华富贵,是"假忠"，最后这三个人联合祸乱齐国，齐桓公也死在了他们三个人的手中。在我们当代有位科学家叫钱学森，他抱定的信念是"学成必归，报效祖国"，在美国留学取得非常大的成就，为了让他给美国效力，美国政府许诺了很多好处，为了阻止他回国甚至把他关进监狱，但最终他还是历尽艰辛回国效力，致力于我国航天事业的科研，把我国原子弹、导弹研制成功的时间向前推进了至少20年。因此，忠于祖国、忠于人民、忠于事业，才是"忠"这一中华传统美德的核心。

【拓展链接】

要学会做人的准则，就要学习和传承中华民族传统美德，学习和弘扬社会主义新风尚，热爱生活，懂得感恩，与人为善，明礼诚信，争当学习和实践社会主义核心价值观的小模范。

（摘选自2015年6月1日习近平会见中国少年先锋队代表时的讲话）

三、信为本

数以亿计的中华儿女组成了中华民族命运共同体的社会大家庭。在这个社会大家庭里，最能体现人与人之间和谐关系的美德，就是信。信就是讲诚信、不怀疑。社会大家庭里的每个人都能以信为本，相互交往都能做到以信为德，这既是维系社会秩序的基础，也是国家强盛、民族兴盛的固本基石。反之，当社会大家庭里的人"言而无信"成为主流的时候，这个社会、这个国家必然会陷入危机。清末鸦片战争时期，当时的清政府并不贫穷，西方列强之所以敢对中国动手，一方面是因为清政府在军事、科技等方面明显落后于西方，另一方面是因为全国民众之间、民众和政府之间，相互信任的基础坍塌了，因失信造成了民心涣散，整个社会一盘散沙。习近平总书记2014年在北大师生座谈会上指出，中华文化强调"言必信，行必果""人而无信，不知其可也"等等，像这样的思想和理念，不论过去还是现在，都有其鲜明的民族特色，都有其永不褪色的时代价值。因此，我们生而为中国人，要让这样的思想和理念，在时间推移和时代变迁中不断与时俱进，把诚信作为一种品格和责任，作为自己安身立命的本分，恪守传承"以信为本"的中华美德。

【故事悦读】

失信的代价

晋献公二十六年（前651年）九月，一代雄主晋献公走完了他的一生。弥留之际，他拜荀息为相国，令其主持朝政。献公死后，荀息按照献公的遗命，奉14岁的奚齐为晋侯，骊姬为国母，自己当上了相国，总管国家大事，对军事大权也进行了调整。

晋献公的股肱之臣、太子申生的坚决拥护者、能征善战的统帅里克，这才发现，自己不仅被排除在决策层之外，连军权也丢了。里克当然不是好惹的。十月，在给晋献公办丧事的时候，里克暗中安排刺客，直接把幼主奚齐刺死在灵堂。十一月，里克又杀9岁的幼主卓子（骊姬妹妹少姬的儿子）于朝堂，将骊姬鞭打致死，少姬从此下落不明。相国荀息在悲愤中自杀，晋国大乱。

里克连续弑杀了两个幼主，暂时掌握了国家大权。但国不可一日无君，晋献公的五个公子里，申生已死，这两个被杀，还有两个活着的，都在外流亡。里克权衡再三，在流亡的重耳和夷吾之间，最后选择了夷吾。

夷吾此时正逃亡梁地，得知这个消息，他立即向里克承诺，待自己做了国君，便封他为相国，并封赏土地一百万亩。同时，夷吾还特意给自己的姐夫、秦国的秦穆公写了一封长信，求他出兵助自己返国，答应事成之后，将晋国河西的五座城池划归秦国，作为酬谢。

公元前650年，即周襄王二年、秦穆公十年，年初，夷吾在秦穆公的帮助下，趁着里克的邀请，回国即位，是为晋惠公。

晋惠公即位后，立即重新启用了一批原来忠于自己的亲信，但对里克的承诺却只字不提。非但如此，晋惠公还率先动手，收拾了里克，并一举铲除了里克余党。虽然稳住了朝局，但也弄得朝中人心惶惶，人人自危。

更麻烦的是，晋国接连几年都遇到灾荒，五谷不收。惠公四年（前647年）冬天，晋国又发生饥荒，仓廪空虚，日子实在过不下去了，只好向外国买粮。想来想去，秦国离晋国最近，两国又是亲戚关系，所以就想向秦国买粮。

秦穆公心里也很不爽，原因是晋惠公许给秦国的土地、城邑，一直没有兑现。现在晋国又来求购粮食，秦穆公召来朝中重臣，研究对策。

曾在晋国为奴的百里奚说，救灾恤邻是道义之举，讲道义自然有福。大夫子桑说，撇开道义不说，三年前晋惠公就是在我们的帮助下回晋国登上君位的，当时晋惠公答应给的五座城至今没有兑现，现在又要求助于秦国，如果我们帮了他，那是"重施而报"，他还不得感激涕零啊。

于是秦国派了大量船只，运载着万斛粮食，由秦都雍城（今陕西凤翔南）出发，沿渭水东行五百里，然后换成车运，横渡黄河，再改山西汾河漕运北上，直达晋都绛城，运粮的白帆从秦到晋都，八百里路途首尾相连，络绎不绝。这次援晋救灾事件，史称"泛舟之役"。

在晋国困难之时，秦国给予了无私的帮助。不料想第二年冬天，秦国也发生了饥荒。秦国决定向晋国求购粮食。秦国君臣认为，以秦对晋的情义，秦国有困难向晋国求助，晋国一定会给予帮助。但是事情的结果大出秦人意料，晋惠公姬夷吾竟然背信弃义，拒不答应。

晋惠公六年（前645年），秦国渡过灾荒，就向晋国宣战。秦穆公亲率大军伐晋，闰九月十三日，两军战于韩原（今山西河津东）。大战之中，秦穆公被晋军包围，受了伤，眼看就要被晋军活捉，这时，岐山下三百多乡民赶来助战。秦军士气大振，反败为胜，秦穆公不但脱险，反而俘虏了晋惠公。秦穆公怨恨难平，准备杀了晋惠公祭天。多亏了穆公夫人穆姬，她是晋惠公的大姐，以自焚要挟穆公，才救下他一命。晋惠公与秦国订立盟约，献上河西之地，还叫儿子公子圉到秦国做人质，才被礼送回晋国。

知识测试（五）

1. 什么既是中华民族的优秀品质，又是中华文化的突出特点？
（　　）
　　A. 崇德向善　　B. 道法自然　　C. 忠勇耿直　　D. 疾恶如仇
2. 孔子认为"上受天命大德"的圣王典范是　　　（　　）
　　A. 黄帝　　B. 尧帝　　C. 舜帝　　D. 大禹
3. 为报年轻时"一饭之德"，专门找恩人报恩的汉初名人是（　　）
　　A. 张良　　B. 萧何　　C. 刘邦　　D. 韩信
4. 战国时期鬼谷子的弟子，后来被同门师兄弟陷害砍去膝盖骨并在脸上刺字的军事家是　　　（　　）
　　A. 孙武　　B. 孙膑　　C. 伍子胥　　D. 白起
5. 中华传统中对人最基本的道德要求是　　　（　　）
　　A. 孝　　B. 义　　C. 信　　D. 礼
6. 孔子思想中最难做到的"孝"是　　　（　　）
　　A. 保持和颜悦色　　B. 侍奉有病父母
　　C. 常回家看看　　D. 陪伴在父母身边
7. 提出"要为四万万人去效忠"说法的是　　　（　　）
　　A. 梁启超　　B. 孙中山　　C. 李大钊　　D. 陈独秀
8. "勿以恶小而为之，勿以善小而不为"是要求我们做到（　　）
　　A. 慎初　　B. 慎独　　C. 慎微　　D. 慎思
9. 把德区分为上德和下德的思想家是　　　（　　）
　　A. 孔子　　B. 老子　　C. 墨子　　D. 韩非子
10. 中华民族崇德向善的观念可以追溯到哪个时期？（　　）
　　A. 炎黄时期　　B. 尧舜时期　　C. 夏商时期　　D. 春秋时期

第十一讲

君子与理想人格

前两节课我们讲了中华传统文化中的道与德,明确了道、德文化,分别从思想引领和品质要求上强调如何做人的问题,从思想上和行为上给出了做人的标准。接下来,我们将用两节课的时间,学习应当做什么样的人。

世界文化以空间领域分有东西方文化之别,以国别不同分有各民族文化之别。每个国家、每个民族都会有自己集体人格的体现和普遍人格的追求。比如,在西方文化中,信奉基督教的都愿意成为圣徒,欧洲贵族都愿意成为绅士、骑士等等;而我们中华民族做人的追求则是君子,君子是中华文化中集体人格的体现。

"君子"一词最早出现在西周,是君主之子的意思,当时主要是指皇族贵族和执政者。从春秋末期开始,孔子在儒家学说中对"君子"进行了道德改造,赋予其高尚的人格气质,比如,我们现在谈论君子的时候,常常用到的"君子喻于义,小人喻于利""君子怀德,小人怀土""君子坦荡荡""君子成人之美"等等,均出自儒家经典《论语》。有人统计,《论语》中,"君子"一词出现了107次,足见孔子对君子人格的钟爱。孔子的这些关于君子的论述,自儒家被汉武帝确立为国家统治的正统思想以后,又被后世儒家学者及国家层面推崇与发扬，同时又在发展中与道家的豁达自然、抱朴守真互补兼容，形成了进可儒、退可道，以儒家为核心、儒道结合的君子文化。这种让人既有社会责任感又保持人格独立和心灵清净的文化，是中华文化所独有的，也是中国人普遍的做人追求和人格追求，更是中国人按照道、德文化标准，做什么样的人的奋斗目标。

【拓展链接】

无论什么时候，问题总是客观存在的，我们要以"君子检身，常若有过"的态度来检视发现自身不足，做到知耻而后勇。

（摘选自习近平在十九届中央政治局第十五次集体学习时的讲话）

[用典出处] 人有偏蔽，终身莫自知己乎？贤者见之宽恕而不言，小人暴爱而溢言，亲戚怜嫉而贰言。人有偏蔽，恶乎不自知哉？是故，君子检身，常若有过。

（《亢仓子·训道篇》）

> [译文] 人有缺点，一生都不能自省自知吗？对于人的缺点，贤者会因为宽容而不说，小人会因为寻求偏爱而竭尽溢美之词，亲戚会因为怜悯呵护而不当面讲穿，所以人的缺点只有靠自知。君子要时时反省检查自己，就像知道自己经常会有缺点过失那样。

关于君子文化的作用和意义，余秋雨在其著作《君子之道》中提出了一个观点："任何文化都是前人对后代的遗嘱。"前人希望后代都能做君子，后代人也如前人所愿，愿意成为君子。因此，"中国文化因为有了君子就什么都有了，没有君子什么都是徒劳"。

那么，到底做到什么程度，才是君子呢？因为我国的君子文化是以儒家为核心的，按照儒家学说给出标准，那就是：**具三德，知三畏，善三思。**

一、具三德

《论语·子罕》篇中有言："君子有三德：仁而无忧、知而不惑、勇而不惧。"意思是，仁义善良的人没有忧虑，智慧的人没有疑惑，勇敢的人没有害怕的事物。也就是说，君子要具备仁义、智慧、勇敢三个基本条件。比如"战国四君子"——魏国的信陵君魏无忌、赵国的平原君赵胜、楚国的春申君黄歇、齐国的孟尝君田文，他们统一的特点就是讲仁义，把形形色色的智慧型人物揽在自己的门下，关键时刻勇敢地投入拯救国家的行动之中。魏国信陵君魏无忌，礼贤下士，能够做到给一个只当过守城门小吏且七十多岁的老头侯嬴牵马赶车，其他国家因为有他十多年都不敢动侵略魏国的心思，还凭着自己和手下人的共同智慧，留下了"窃符救赵"的君子义举。楚国春申君黄歇，为了解救作为人质的楚国太子回国登基，不惜以命抵命，最终在楚国国相的位子上辅弼国家25年，鞠躬尽瘁。

【拓展链接】

青年要把正确的道德认知、自觉的道德养成、积极的道德实践紧密结合起来，不断修身立德，打牢道德根基，在人生道路上走得更正、走得更远。面对复杂的世界大变局，要明辨是非、恪守正道，不人云亦云、盲目跟风。面对外部诱惑，要保持定力、严守规矩，用勤劳的双手和诚实的劳动创造美好生活，拒绝投机取巧，远离自作聪明。面对美好岁月，要有饮水思源、懂得回报的感恩之心，感恩党和国家，感恩社会和人民。要在奋斗中摸爬滚打，体察世间冷暖、民众忧乐、现实矛盾，从中找到人生真谛、生命价值、事业方向。

新时代中国青年要自觉树立和践行社会主义核心价值观，善于从中华民族传统美德中汲取道德滋养，从英雄人物和时代楷模的身上感受道德风范，从自身内省中提升道德修为，明大德、守公德、严私德，自觉抵制拜金主义、享乐主义、极端个人主义、历史虚无主义等错误思想，追求更有高度、更有境界、更有品位的人生，让清风正气、蓬勃朝气遍布全社会！

（摘选自习近平在纪念五四运动100周年大会上的讲话）

二、知三畏

《论语·季氏》篇中有言："君子有三畏：畏天命、畏大人、畏圣人之言。" 意思是，君子应当知道三种敬畏，即敬畏普天之下众人的共同理想，敬畏有大德的名人的崇高德行，敬畏圣人的思想言论。南怀瑾曾讲过一个例子。有大小两条蛇，要过街，大蛇想大摇大摆过去，小蛇不敢过去，叫住大蛇说："这样过街咱两个都会被打死。"大蛇问该怎么办，有什么办法。小蛇说："你仍然昂起头来大摇大摆过去，但让我站在你头上一起过去。这样一来，我们不但不会被打死，人们看了觉得稀奇，一定认为龙王出来了，会摆起香案拜我们，还会把我们送到一个地方，盖一个龙王庙。"最终的结果如小蛇说的那样，当地人真的盖了一座龙王庙。这里体现出的是，敬畏的态度能让行为的理想成为现实。所以，知敬畏，才能成就君子行为。

三、善三思

儒学家荀子在《荀子·法行》篇中进一步阐述了孔子的君子思想："君子有三思而不可不思也：少而不学，长无能也；老而不教，死无思也；有而不施，穷无与也。"就是说，一个君子有三种事情不能不去思考，即小时候不好好学习，长大就会无所作为；年纪大了不思考教育下一代，死也不能瞑目；有钱不思考施舍穷苦人，就和穷人没什么区别。所以，君子应善于思考如何让自己学有所成，如何让下一代有所作为，如何让大众都能幸福生活。在君子文化的发展中，君子的品格还有很多表现形式，如对待过失的处理方式，君子与小人的本质区别，君子由独善其身向心怀天下的演变，君子修德的最高境界等，大家可以进一步学思践悟。

总而言之，我们要认同：以儒学思想为核心的中华君子文化，是既理想又现实、既尊贵又亲切、既高尚又平凡，是可见、可感、可学、可做，并应学、应做的做人过程。

【故事悦读】

首阳孤竹义擎天

洛阳市偃师区的首阳山，无东岳泰山之雄、西岳华山之险、北岳恒山之幽、中岳嵩山之峻、南岳衡山之秀，却早已闻名于世，皆源于两位上古隐士。至今，洛阳有很多地名，如扣马、会盟也源于那一时期。

《史记·伯夷列传》给我们讲述了这样一个故事：在商代末年，孤竹国的国君有两个儿子，哥哥叫伯夷，弟弟叫叔齐。国君很钟爱叔齐，想把王位传给他，伯夷知道了父亲的心意，主动离开孤竹；叔齐不愿接受哥哥让给他的王位，也躲了起来。伯夷、叔齐听说西伯昌（即周文王）尊老敬老，便一起投奔而去，并在那里定居下来。后来西伯昌死了，周武王继位。武王整顿内政，扩充兵力，进军讨伐商纣。伯夷、叔齐听说这件事后，便进谏道："父死不葬，爰及干戈，可谓孝乎？以臣弑君，可谓仁乎？"武王的将士听了这些话，非常生气，拔出剑来要杀他们，被太公望制止住了。等到武王兴周灭纣，伯夷、叔齐认为这是件可耻的事，决心不做周臣，不食周粟。他们互相搀扶着离开了周朝的统治区，在首阳山隐居下来，采薇而食，最后饿死在首阳山上。这就是我国历史上著名的"让国""奔义"的故事，被后世推崇备至。伯夷、叔齐在首阳山死后，儒家尊二人为圣贤，道家尊二人为大太白神和二太白神。据说，姜子牙助武王兴周之后，代天封神，分封他们为合二仙。

我们无须去考证数不清的名人墨客撰文对伯夷、叔齐的称颂。正如司马迁所言，"伯夷、叔齐虽贤，得夫子而名益彰"。"山不在高，有仙则名。水不在深，有龙则灵。"当每天清晨迎来第一缕阳光，有人发出"奇哉美哉首阳山"的赞叹，并不是首阳山的自然景观有多么鬼斧神工，而是有了伯夷、叔齐的擎天之义。

细数中国历史，正因为伯夷、叔齐的擎天之义而成为孤竹绝响，独自傲立于首阳山上，无数功勋卓著、开创千古伟业的帝王倒在了传承帝业之中。秦始皇一统六国，"始皇、二世，以至千古"的家天下美梦，在夺嫡争斗中化为泡影；汉武帝北驱匈奴，率土之滨莫非王土，蛊毒案导致了太子的兵变，凸显了"穷兵黩武"后的国力衰竭；唐太宗发动玄武门之变，开创了繁荣昌盛的"贞观之治"，血腥的宫廷争斗，让政权顷刻间落入武氏之手；宋太宗、明太祖、康熙大帝，均可谓开明帝王，但也都未能摆脱历经帝权争夺的磨难，其他帝王自不必说。

岁寒知松柏之后凋，正如文天祥《正气歌》中所言，"时穷节乃见"，读过了伯夷、叔齐互让王位、义不食周粟的故事，才能真正反思当今有些人唯利是图、追名逐利的低劣。

第十二讲
人人皆可成君子

在我国,君子文化是普及于社会民众中深入人心的大众文化,也是中国人立身处世潜移默化的共同认同。因此,我国历史上有"自汉以来,天下贤人君子,不可胜数"的说法,可以说,君子文化是一种雅俗共赏的文化,在中国,人人都能成为君子。

那么,如何成为君子呢?就是要做到:**气节立身,坚如磐石**;**自强精神,坚定不移**;**言行一致,坚持不懈**。

一、气节立身,坚如磐石

君子的气节体现在日常生活中的问心无愧,体现在恶劣环境下的安贫乐道,体现在民族大义面前的生死无畏。因此,守住气节是成为君子的基础,也是君子人格形成的基础。在我国,梅、兰、竹、菊"花中四君子",各具特点,是君子品质的象征,也是人人都可以成为君子的体现。梅花,恶劣环境下能够笑迎凌厉寒风、傲然绽放枝头,是不畏艰难的君子;兰草,生长在幽僻的深谷中,不论有无欣赏者,总能坚守本真散发清香,是坦然自信的君子;竹子,挺拔劲节,四季青翠,凌霜傲雪,铁骨铮铮,是最有骨气的君子;菊花,历经风霜晚秋开放,不与百花争奇斗艳,是淡泊名利的君子。中华民族是一个"家国同构"的民族，从庙堂到民间，从贵族到平民，从精英到大众，君子是"英雄不问出处"的，但在民族大义面前，一个个有气节的中华君子，就会迅速以坚如磐石的民族精神共同抵御民族危机。1948年6月，当代著名散文家朱自清，身患严重的胃病无钱医治，工资不够全家人吃饭，却毅然在《抗议美国扶日政策并拒绝领取美援面粉宣言》上签字，直到临终前，还嘱咐夫人："家里以后不买国民党配给的美国面粉。"新中国成立前夕，毛主席在《别了，司徒雷登》一文中，曾高度赞扬朱自清宁死不吃美国"救济粮"的英雄气概，这样的君子之风，也是我们弘扬君子文化、做新时代君子的本质要求和意义所在。

图2-12-1·四君子图（蜡染作品）

【拓展链接】

　　我们中国人是有骨气的。许多曾经是自由主义者或民主个人主义者的人们，在美国帝国主义者及其走狗国民党反动派面前站起来了。闻一多拍案而起，横眉怒对国民党的手枪，宁可倒下去，不愿屈服。朱自清一身重病，宁可饿死，不领美国的"救济粮"。唐朝的韩愈写过《伯夷颂》，颂的是一个对自己国家的人民不负责任、开小差逃跑，又反对武王领导的当时的人民解放战争、颇有些"民主个人主义"思想的伯夷，那是颂错了。我们应当写闻一多颂，写朱自清颂，他们表现了我们民族的英雄气概。

（摘选自毛泽东《别了，司徒雷登》）

二、自强精神，坚定不移

《周易》中有两句卦辞："天行健，君子以自强不息；地势坤，君子以厚德载物。"意思是自然界的运动刚强劲健，相应于此，君子应刚毅坚卓，奋发图强；大地的气势厚实和顺，君子应增厚美德，容载万物。所以，君子最基本的行为体现，是以自强不息的精神激励自己，在待人接物中胸怀宽广、自强自立。新中国70年华诞前夕，中国女排以11连胜的战绩夺得世界冠军，献礼"十一"国庆节，用"女排精神"深刻诠释了中国人的自强精神和强烈自信。"女排精神"的形成与发展，离不开郎平。她凭借1984年洛杉矶奥运会中美女排巅峰对决夺得冠军，赢得"铁榔头"的名号之后，1995年女排生死存亡之际，她毅然归国，担任女排主帅，累倒在工作岗位上；2012年中国女排伦敦奥运会被日本队淘汰，女排又一次陷入低谷时，已经在世界排坛声名显赫的郎平，放弃意大利俱乐部高薪，不惜单方解约，响应祖国的召唤，冒着"一世英名可能毁于一旦"的风险，再一次带领中国队重夺世界杯冠军。当女排夺得"十冠王"、队员们相拥流泪的那一刻，有人这样说："能让祖孙三代都为之激动流泪的，除了中国女排还有谁呢？"可以说，郎平和永不言弃的"女排精神"，是用中华民族始终传承的家国情怀底气支撑起来的，是自强不息、自信自立的君子精神的延续和血脉传承，是中国人"君子文化"的时代品牌标识。

三、言行一致，坚持不懈

《论语·宪问》篇中有这样的记载：子贡问孔子什么是君子，孔子回答，"先行其言而后从之，君子耻其言而过其行"。孔子话的意思是说，做什么事先付诸行动，等真正做到再说出来，君子对说空话不做事的行为感到羞耻。可见，言行一致，是成为君子的必然途径。我国关于言行一致的名言警句非常多，为什么呢？因为，中国人传承千年的君子人格追求，尽管是一种全民族的普遍追求，但是由于人在现实生活中面对诱惑、抵御诱惑的自制力有所不同，一些人在个人私利的驱动下，没有做到坚持修炼言行一致的外在修养，堕落成了道貌岸然的"伪君子"、大奸似忠的"真小人"。秦始皇时期的丞相李斯就是这样的人，他极具才华，曾对秦始皇递上《谏逐客书》，以自己的文采和翔实的历史资料，谏言秦始皇重视人才，帮助秦始皇统一六国。但这个人嫉贤妒能，他的同门师弟韩非子提出的法家治国思想很受秦始皇赏识，李斯为了自己的地位，竟然设计陷害并亲手下毒毒死了被关进监狱的韩非子。因此，言行一致是君子外在的体现，我们每个人都要言行一致，坚持不懈修养自己的君子风范和内在品行。

总之，君子文化，是中华优秀传统文化中一颗光明璀璨且历久弥新的明珠。我们弘扬君子文化的时代价值在于，把君子文化所体现的伦理哲学和人文思想，融入新时代的日常生活之中，充分挖掘君子文化的时代内涵，形成崇尚君子品格、争做正人君子的风尚，用中华优秀传统文化的有益成分涵养一代又一代时代新人。

【故事悦读】

比干：殷商奇迹的脊梁

商王朝渊源于美丽的"玄鸟生商"，因为有了这个美丽的传说，600年的商王朝多了几分玄美，与甲骨文、青铜器相映成辉，成就了辗转几千年的"殷墟"奇迹。"汤伐夏，国号商，六百载，终纣亡。"三字经中寥寥数语，让牙牙学语的童子从小就知道了"商纣"。

商纣王名叫帝辛，是帝乙的嫡子。帝辛"资辨捷疾，闻见甚敏；才力过人，手格猛兽"，即位之初曾是英明君主，骁勇无比。甚至有民谣称"纣王江山，铁桶一般"。后来，纣王成了荒淫暴虐的代名词。这中间更重要的是，有了千古第一忠臣——比干的对比。

比干是帝乙的弟弟，纣王的叔叔。帝乙传位时曾在长子和嫡子间拿不定主意，是比干的极力谏诤，纣王才以嫡子的身份继承了王位。数千年来，纣王沉湎酒色、"流酒为池，悬肉为林"、制"炮烙"酷刑、大兴土木建摘星楼等等行为令后人不齿，被永远地钉在了历史的耻辱柱上。比干对此，以"主过不谏非忠也，畏死不言非勇也，即谏不从且死，忠之至也"的浩气，冒死谏言，剖胸取心，毫无惧色，慷慨赴死。从《史记》中，可以感受到三千年前"比干剖心"的激昂与悲壮。比干舍生取义的浩然正气长留世间，引领着中华民族"大无畏"的民族精神发扬光大，成为华夏人民不畏艰险、同仇敌忾的楷模。

　　民间对比干的崇敬，通过《封神榜》可见一斑。《封神榜》以得道者人神共助、失道者人神共诛的传统方式，把纣王的劣迹上升到神仙都不能容忍的地步，把比干的壮举奉为神仙的叹息，最终比干成为几千年来民间敬仰的"文财神"，成为保佑百姓的天界上仙。比干的故事妇孺皆知，流传至今。

　　也许民间的传说过于迷信化，但正是有了司马迁的秉笔直书和民间的顶礼膜拜，比干成为历代帝王和文人学者赏识的"千古忠臣"。魏孝文帝拓跋宏是鲜卑族人，撰《吊比干墓文》，幻想比干驱龙驾凤，遨游在天国人间。唐太宗李世民追赠比干为"太师"，命令地方官员每年春秋两季祭祀比干。清朝时的皇帝乾隆，风流不羁，唯独对比干的题字石刻是工笔正楷书写。

　　三千多年来，商王朝为后世留下了以"司母戊大方鼎"出土为代表的第七大奇迹——殷墟。在这里，我们透过比干的故事，依稀能够看到，从玄鸟的传说到成汤定商，再到盘庚中兴和武丁鼎盛的商王朝的繁荣昌盛。抽取比干这一脊梁，殷商王朝就缺少了"秦皇汉武、唐宗宋祖"大手笔。比干，用"以死谏言"的精神引领着历代谏臣前仆后继，撑起为后世叹为观止的殷商奇迹。

知识测试（六）

1. 中华文化中的理想人格和独有概念是　　　　　　　　（　）
   A. 名将　　B. 君子　　C. 良相　　D. 忠臣

2. 《荀子》中记载，孔子把人分为几个层次？　　　　　（　）
   A. 三　　B. 五　　C. 六　　D. 九

3. 具有"不贰过"有错即改的名人是　　　　　　　　　（　）
   A. 颜回　　B. 颜幸　　C. 子夏　　D. 子路

4. 惺惺相惜留下"管鲍之交"故事的是哪个时期的人物？（　）
   A. 黄帝时期　　B. 五帝时期　　C. 西周时期　　D. 春秋时期

5. 下列哪位人物不是"战国四君子"？　　　　　　　　（　）
   A. 魏无忌　　B. 赵胜　　C. 蔺相如　　D. 黄歇

6. 下列哪句关于君子的名言不是出自《论语》？　　　　（　）
   A. 中正而应，君子正也　　B. 君子怀德，小人怀土
   C. 君子成人之美　　　　　D. 君子坦荡荡

7. 留下"我自横刀向天笑，去留肝胆两昆仑"诗句的是　（　）
   A. 康有为　　B. 杨深秀　　C. 刘光第　　D. 谭嗣同

8. "不为五斗米折腰"的著名人物是　　　　　　　　　（　）
   A. 陶渊明　　B. 朱自清　　C. 伯夷、叔齐　　D. 苏武

9. 凭借自强不息和坚忍不拔意志写出《史记》的是　　　（　）
   A. 左丘明　　B. 司马迁　　C. 司马光　　D. 班固

10. "中人皆可使为君子"意思是普通人通过修养都能成为君子。这句
    话出自　　　　　　　　　　　　　　　　　　　　（　）
    A.《史记》　　B.《左传》　　C.《汉书》　　D.《战国策》

第三章

依仁游艺

第十三讲
以仁爱之心待人

文化对人的作用，简单讲，就是引导人沿着正确的道路做人做事，在成长中服务社会，实现个人的人生价值。今天，我们就来了解"仁"这一中华优秀传统文化思想。

孔子讲："苟志于仁矣，无恶也。"就是说天下所有的人都立志修养仁德，做仁爱之事，那么这个社会就没有恶行存在了。所以，仁，在中华传统文化中是如何做人做事的行为法则、实践标准和精神追求。

关于"仁"的提出，最早的是孔子，《论语》中两百多次提到"仁"。而"仁"成为中华文化中的一种道德思想，则是从西汉董仲舒提出"三纲五常"开始的。经过长期的发展，中华民族做人做事的道德标准，逐步发展成为15个字：仁、义、礼、智、信、温、良、恭、俭、让、忠、勇、孝、悌、廉。这15个字涵盖了国家总纲、个人操守、社会责任等多个方面，但最核心的还是"仁"的思想标准，其他的道德规范都是对"仁"的延伸。因为，"仁"的核心是要求每个人都要心中有他人，反之，凡是不顾及他人做出的事都会是"不仁"的行为。比如历史上的项羽，号称"西楚霸王"，以勇猛闻名天下，他曾和刘邦楚汉争霸，曾经单人独骑在汉军中横冲直撞无人能敌,他留下的"霸王枪"在后世也是天下无敌的。但就是这样一个勇猛无敌的人为什么最终失败了呢?就是因为项羽太过于相信自己的勇猛无敌,在征战中听不进去他人的劝谏,心中只有自己没有他人,他的勇,不是中华民族传统标准意义上的"勇"。这就是项羽前期兵力强盛,后期众叛亲离,败在曾经兵力不如自己的刘邦手下的重要原因。

【拓展链接】

子曰:"志士仁人,无求生以害仁,有杀身以成仁。"

(摘选自《论语》)

[相关故事]有一次,孔子的弟子向孔子请教说:"先生,您讲的仁德、忠义都是极好的。人人相爱,以仁义待人,确实是一种美德。仁德我很想得到,但活在世上也是我的欲望。假如仁德与生命两者发生了冲突,该怎样处理呢?"孔子严肃地回答说:"这还有什么可犹豫的呢?凡是真正的志士仁人,都不会因为贪生怕死而损害仁义,应该为了成全仁德,可以不顾自己的生命。"弟子恭敬地给孔子施礼,表示敬服。这时,孔子的学生子贡又问:"仁德一定是很难得到的吧?我们应当怎样去培养它呢?"孔子回答说:"培养仁德可以从头做起。比如说,工匠要做好他的活计,必须先得心应手的工具。对于一个国家来说,应该选择那些大夫中的贤者去敬奉他;对于自己来说,就应该挑选那些士人当中的仁者交朋友。这样,才会培养起仁德来。"

那么,我们应当如何认识现实生活中"仁"的文化呢?这需要准确把握"仁"的三个基本内涵。

一、待人接物要心中充满爱

仁,是一种行为上的要求,作为一种传统美德,它可以维系和调节人和人之间的关系,在此基础上上升为政府的施政要求和社会公德;可以维系和调节各种社会关系,促进全社会的和谐有序。这当中的仁,最基本的内涵要求是人的心中要充满爱,否则,人与人之间的相互关系中,或施政人员在对待民众时,凭借私欲私心付诸行动,势必会造成人际关系紧张,民众对社会不满。所以,仁爱之德从几千年前一路走来,爱人的人都会被社会铭记,传赞千古。比如,鞠躬尽瘁死而后已的诸葛亮,直言进谏的魏征,先天下之忧而忧、后天下之乐而乐的范仲淹,刚直不阿的包拯。而到后来,鲁迅在《狂人日记》里直接批判,透过仁义道德只看到"吃人"两个字,皆是因为封建制度下统治者露出了假公济私的真实面目,只求私利,不顾及人民大众的死活,脱离了本质的仁爱,就演变成了小集团争夺利益、欺压百姓的工具。所以,爱心是仁的基本核心和内涵,仁和爱是同向同行不可分割的。

二、践行仁德要知行合一

"亚圣"孟子主张"人性本善",他曾讲"恻隐之心,人皆有之",就是说人的同情心是与生俱来的。人对他人他物的同情和关爱是仁爱美德的内心根源和萌芽。之所以会出现人后天变化,是要看人的这种恻隐初心,能不能在成长过程中真实地付诸实际行动。如果我们碰到幼小和老人遇到危险,及时伸手帮助就会受人称赞,就属于仁德行为;如果只心动不行动,就只说明这个人心地善良。比如,孔融4岁,就知道谦让兄弟,把大点的梨子让给兄弟;黄香9岁,母亲去世,与父亲相依为命,懂得冬天给父亲暖被窝、夏天给父亲铺凉席。所以,仁爱从内心的善念上升成为一种道德美德,凭借的就是大众集体有意识地把心中之爱付诸行动,在五千年历史长河中反复实践。这种民族的自觉行动和大众化的知行合一,正是中华传统文化具有强大生命力的重要原因。

1-13-1·孟子像（手绘图）

三、最大的仁德是心怀天下

仁，成为传统道德规范的核心标准，是因为仁是一种博爱的实践标准。这首先要求我们与家人要互相关爱，一个人对自己的亲人没有仁爱之心，是不可能修养仁德的，这是最基本的范畴。如果一个人只对自己和家人付诸爱，就会陷入狭窄的自私，这要求我们要把对亲人仁爱的态度扩大到对周围人和人民大众的仁爱，共同维护好民族大家庭的和谐互助关系，这是仁德的延伸层次。在此基础上，仁德之爱要拓展到我们共同生存环境里的万物生灵和草木山河，做到兼济天下苍生，实现仁德的最高境界。这方面，中国共产党是践行的典范。自建党之初，我们党就把对广大人民的仁爱之心，化作为中国人民谋幸福、为中华民族谋复兴的大爱初心和历史使命，带领全国各族人民继承和实践仁德传统的文化精髓，在历经100年血与火的考验中矢志不渝，谱写了人类历史上最伟大的壮丽史诗，是中华优秀传统文化忠实的继承者、弘扬者和践行者。习近平总书记曾讲："中华优秀传统文化中很多思想理念和道德规范，不论过去还是现在，都有其永不褪色的价值。"这一方面要求我们，要自信中华优秀传统文化是中华民族的精神命脉，是涵养社会主义核心价值观的重要源泉，也是我们在世界文化激荡中站稳脚跟的坚实根基；

另一方面要求我们，要自信历经千百年传承，中华优秀传统文化已经成为浸润在国人心底的文化基因。在实现中华民族伟大复兴中国梦的道路上，认同、弘扬、践行中华优秀传统文化，必将聚合起亿万中华子孙的磅礴之力，在延续民族文化血脉中乘风破浪，为人类发展做出更大的贡献。

【故事悦读】

张咏的人情味儿

张咏，是北宋太宗、真宗两朝的名臣。他任益州知州时平定了王小波、李顺起义；他发明了世界上最早的纸币交子，被誉为"纸币之父"；他给中国文化贡献了两个成语，一个是"水滴石穿"，一个是"不学无术"。

有一次，张咏外出办理公务，回到办公室，看见一个守门小吏在里面睡着了，便轻轻把他叫醒，问他："你家是不是发生什么事了？"

那小吏在酣睡之中被叫醒，见是大人回来了，吓了一跳，赶紧回答说："大人赎罪。家里母亲病了很久，家兄作客他乡，到现在还没有回来。小人心中不安，这才睡着了。"

张咏赶紧派人调查，发现事情果然如此。第二天，张咏便派一名总管去小吏家里，帮助他安顿老母，处理家务。

对这件事，张咏自己的说法是："我说怎么有人敢在我的办公室里睡觉呢，一定是内心极为忧伤烦闷，才会这样。这样的人，可是一定要怜悯他的呀。"

后来冯梦龙把这件事写入了《智囊》，并写了一句评语："体悉人情至此，人谁不愿为之死乎？"能够体谅人到这种地步，谁不愿为其效命呢？

第十四讲

为仁由己不由人

中华优秀传统文化是我们坚定文化自信的底气,坚定文化自信就要大力弘扬和传承中华优秀传统文化。因此,文化的传承就是一个由己不由人的实践过程。那么,我们要传承仁的文化应当怎么做呢?

一、要坚守初心,常思己过

仁,从人的内心出发,在坚守固有恻隐之心的基础上,把这种本愿初心洒向人世间,形成惠及众人的仁德。最基本的做法是常常检视自己的行为是否端正,加强自身修养,克制自己的行为,在遵规守矩的正确道路上行进。有一则关于尧的仁德故事。一天,尧帝在路上遇到两个被押往监牢的犯人,就问他们:"你们两个为什么会犯法?"罪犯回答说:"老天干旱很久不下雨了,全家没得吃,实在忍不住,就偷了人家的粮食,被抓了。"尧帝听完他们的话,转头对押解犯人的士兵说:"请你把他们两个放了,把我抓起来吧!"所有人都不解尧帝为什么会这么说,尧帝接着说:"错的是我呀!一是我没德行,老天才久旱不雨;二是作为一国之君,我没有教育好子民,他们才会犯罪。"这个故事体现

图1-14-1·慎思笃行（书法）

的道理就是孟子后来总结的"行有不得，反求诸己，其身正而天下归之"。孟子的话意思是说，凡是行为得不到预期的效果，就应该反过来检视自己，自身行为端正了，天下的人就会纷纷效仿。因此，修养仁德，由己不由人，关键在个人的自警自省、真心践行。

二、要忠恕结合，推己及人

仁德作为一种行为上的要求，践行之中的直接体现包括两个方面：一方面是尽心尽力、全部付出的"忠道"，另一方面是宽以待人、不苛求他人的"恕道"。但在现实生活中，践行忠道的仁德容易，处处为他人考虑特别是遇到对自己不公时做到宽恕别人却不容易。在这一点上，同学们应当深有体会，比如家长对学生的学习，家长经常抱怨自己全身心地为孩子付出却得不到理解，孩子经常抱怨家长不顾及自己的感受强加给自己不想做的事情。假如家长和孩子都能从"忠"和"恕"两方面检视自己的抱怨，就能"将心比心"地从对方的角度去待人接物，做出"推己及人"的仁德之举。战国时期有个楚庄王绝缨的故事。楚庄王有一次宴请群臣喝酒，有个大臣趁灯灭拉美人的衣服，被扯下头上的帽缨，美人请求楚庄王点灯，看看是谁的帽缨断了。楚庄王为了保护大臣的颜面，告诉群臣说，大家都喝到扯断帽缨才算尽兴，结果灯亮之后群臣都没了帽缨，自然就没办法知道灯灭时曾有谁酒后失态，最后大家尽欢而散。三年以后，晋国与楚国交战，有一位大臣奋勇争先，五场战斗都冲杀在最前面，最先杀退了晋军，获得了胜利。楚庄王感到奇怪就问这名大臣："我的德行浅薄，从来没有特殊优待过你，你这次为什么奋不顾死呢？"这名大臣说："我就是当年帽缨被扯下的那个人，大王您宽恕不治我的罪，这样的仁德是我肝脑涂地也难以报答的。"正是有了楚庄王忠恕结合的仁德施政，楚国上下臣民同心，打败了晋国，成为"战国七雄"之一。

【拓展链接】

楚庄王赐群臣酒，日暮酒酣，灯烛灭，乃有引美人之衣者，美人援绝其冠缨，告王曰："今者烛灭，有引妾衣者，妾援得其冠缨持之，取火来上，视绝缨者。"王曰："赐人酒，使醉失礼，奈何欲显妇人之节而辱士乎？"乃命左右曰："今日与寡人饮，不绝冠缨者不欢。"群臣百有余人皆绝去其冠缨而上火，卒尽欢而罢。居三年，晋与楚战。有一臣常在前，五合五奋，首却敌，卒得胜之。庄王怪而问曰："寡人德薄，又未尝异子，子何故出死不疑如是？"对曰："臣当死，往者醉失礼，王隐忍不加诛也；臣终不敢以荫蔽之德而不显报王也，常愿肝脑涂地，用颈血湔敌久矣，臣乃夜绝缨者。"遂败晋军，楚得以强，此有阴德者必有阳报也。

（摘选自西汉刘向《说苑·楚庄王绝缨》）

三、要坚持原则，爱人以德

仁德的基本内涵之一，是心中充满爱。但这种爱，体现在忠道上不是无原则的给予，体现在恕道上不是消极的容忍，而是守住道德底线、法律红线的爱憎分明；否则，就是姑息养奸式的私爱、偏爱和溺爱，最终会导致被爱之人走上歧途。《左传》记载有"郑伯克段于鄢"的故事：春秋时期郑国的郑武公，大儿子叫寤生，二儿子叫共叔段，因为皇后武姜是共叔段的生母，多次向郑武公请求立共叔段为太子，但没能如愿。寤生即位成为郑庄公后，武姜先是逼着郑庄公把荥阳分封给共叔段供其发展私人武装，而后密谋与共叔段里应外合夺取王位，最终逼得郑庄公兄弟武力交兵，共叔段兵败自杀。像这种由于父母对幼子的骄纵偏爱，最终酿成亲兄弟互残的悲剧实例，在中国古代帝王之家比比皆是。所以，我们当代传承仁德的文化传统，一定要避免这种无原则的一团和气。纵观历史长河，我们不难发现，老一辈无产阶级革命家爱人以德方面才是我们真正的典范，比如毛泽东曾给自己定下了处理亲情、乡情、友情的三条原则，即"恋亲不为亲徇私，念旧不为旧谋利，济亲不为亲撑腰"。正是有了他们的率先垂范，千千万万的共产党人始终以人民为中心确定自己的行为准则，爱人以德，以德施政，使中华优秀传统文化为中国实践所用，是中华优秀传统文化的忠实传承者和弘扬者。这，也是我们当代及后世中华儿女需要一代接着一代讲下去、一代接着一代实践好的传统文化。

【故事悦读】

好人有好报

王延政，是闽太祖王审知的儿子，人称"十三郎"。王审知死后，闽国内战，王家兄弟自相残杀。后来王延政击败八哥王延曦胜出，于天福八年（943年）二月在建州称帝，国号大殷，年号天德。

建州是王延政的根据地。在兄弟大战中，王延政派手下大将章某守卫建州城。有一次，章将军派一部将去求援，结果因暴雨，援军迟到了一日，那名部将延误了时间，按照军法应该斩首。

问题是，章将军爱才。"失期当斩"的这名部将还是很有才能的，因为这件事就杀了他，章将军心里觉得很是可惜，但军法如山，不杀也说不过去。他犹豫不决，没有马上处置，回家后对妻子说了这件事。

章将军的妻子连夫人贤惠聪明，一听是这种情况，赶紧偷偷派人找到那名部将，告诉他："你罪应处死，赶快逃跑吧，只有跑了才可能幸免。"并给了他几十两银子作为盘缠，催促他，"马上走，直接走，不要考虑家里了。"那部将就此逃出生天，投靠了南唐，在留侯查文徽麾下。

945年，南唐主李璟派查文徽进攻建州。指挥这场战斗的，正好是当年连夫人放走的那名部将。

那部将心念旧恩，在就要攻破建州的时候，通告城内外："能够保全连氏一家的人，必有重赏。"

连氏得到这个消息，赶紧派人对那部将说："建州百姓无罪，希望将军能宽恕他们，我们夫妇罪应处死，不敢求生。倘若将军不肯放过建州百姓，我们夫妇宁愿死在百姓前面，决不独自偷生。"语气激昂慷慨，彰显一片赤诚之心。

那部将攻破建州，即命令整顿军纪、收起武器进城，不得屠戮百姓，因此全城人都得以保全。

知识测试（七）

1. 最高的道德法则、道德标准、道德境界及所有道德的根源是（　　）
   A. 仁　　B. 孝　　C. 忠　　D. 信

2. 第一个将"仁"上升到国家治理层面提出"仁政"思想的是（　　）
   A. 老子　　B. 孔子　　C. 孟子　　D. 墨子

3. 儒家追求并提倡的社会理念是（　　）
   A. 兼爱非攻　　B. 天下大同　　C. 道法自然　　D. 孝行天下

4. 孟子认为，仁爱之心来源于（　　）
   A. 先难后获　　B. 无私无畏　　C. 谦和忍让　　D. 恻隐之心

5. "融四岁，能让梨"体现了对亲人的爱，这是最基本的仁德，其中的"融"指的是（　　）
   A. 孔融　　B. 马融　　C. 张融　　D. 田融

6. 孔子曾经赞扬"功不独居，过不推诿"的有爱之人是（　　）
   A. 弟子子路　　B. 鲁国的孟之反　　C. 齐国的田忌　　D. 赵国的廉颇

7. 修养仁德的具体办法是"克己复礼"，是哪位古代思想家提出的？（　　）
   A. 孔子　　B. 孟子　　C. 管子　　D. 荀子

8. 关于忠道和恕道"尽己之谓忠，推己之谓恕"，是谁解释的？（　　）
   A. 张载　　B. 王阳明　　C. 朱熹　　D. 周敦颐

9. 以仁为镜、励精图治、施行仁政，开创"贞观之治"的是（　　）
   A. 汉武帝刘彻　　B. 宋太祖赵匡胤
   C. 唐太宗李世民　　D. 唐明皇李隆基

10. 孔子对"恕道"的表述是（　　）
    A. 己欲达而达人　　B. 己所不欲勿施于人
    C. 推己及人将心比心　　D. 四海之内皆兄弟

第十五讲
修艺兴艺，强技安身

今天之前我们所学习的主要是中华传统文化中关于人文思想的内容，前面我们也讲过，文化的作用是引导人如何在正确的道路上做人做事。中华传统文化具有深厚的人文精神和极大的人文价值，它在引导我们一代代中华儿女具备独立人格的基础上，更加注重教育我们凭借什么去实现思想与行为的统一，成为一个兼具家国情怀又有益于社会的人。因此，我们做人做事要在修养仁爱精神的基础上，修炼技艺，做到德才兼备。

人类从原始社会走来，经历了很长一段时间受制于大自然的生存艰难，最初的时候想吃一顿熟食，要靠大面积天火燃烧烧死大量的动物，生活要靠住山洞吃野果，为了生存需要群居一起防止动物猛兽的伤害。但是，人类是有意识的动物，当人类在生存中得出了改变某一种现象的思想之后，就开始用双手制造发明相应的生产工具，最终在与大自然的斗争中，实现了与大自然的和谐共生。这就是"艺"发展成为文化的最早雏形。我们中华民族从浩瀚的历史中一路走来，保留下来了青铜器、陶器等技艺。最初的时候，这些器具是用来储存生活物品的，等生存无忧的时候，这些器具的制作又加入了体现中华先祖审美思维的纹饰或者文字，最终升华为技艺文化。像当时的石刀、石斧，最初是用来捕猎动物的，铁出现以后成为御敌的兵器，进而使用兵器发展成为武术文化的一种。所以，中华传统文化中的艺，经过五千年绵延发展，已经成为包括技能、知识、才艺等在内的、人立于世间的各种本领和才能的总称。可以说，中华擅技崇艺的传统，起源于生存需求，在社会实践中融入中华民族的人文思想，融合着中华儿女的非凡智慧，是以人为本的、体现实践观的、与时俱进的文化，是中华儿女安身立命的基础。因此，党和国家大力发展职业教育，在新时代弘扬"劳动光荣、技能宝贵、创造伟大"的社会风尚，中职学校把培养"德技并修"的人才作为根本目标，就是对中华优秀传统文化的弘扬传承和生动实践，就是对中华优秀传统文化的创造性转化和创新性发展。

艺为什么能通过人的生存技能与人的思想融合，成为一种文化呢？首先，技能是每个人的生存之本，这为艺成为文化奠定了深厚的群众基础。"家财万贯不如薄技在身"，这条口口相传至今的古训，在我国是"飞入寻常百姓家"的大众哲理。正是有了这样广泛的大众基础，技能在各个时代每个人都会去学习练习，为个人的社会生存提供保障。其次，社会分工为技能发展为技艺提供了必要条件。随着崇尚技能的大众化，依据人面临的生存条件不同，逐渐产生的多种技能，按照技能的类别有了社会分工，于是社会上就出现了各种各样的行业，每个行业也就有了各自需求的技能种类，"三百六十行，行行出状元"，修炼一技之长成为人自立于天下的追求目标，技能在这样的修炼过程中就有了成为技艺的可能。最后，精益求精的过程，是技艺文化的必经途径。行业和技能稳定之后，人就会对自己行业技能产生精益求精的思维，在追求技能精湛的过程中融入人的智慧和思想，这种能够承载人文思想、体现人文价值的技能，就发展成为技艺文化。

【拓展链接】

　　宋神宗元丰年间(1078—1085),有个名叫叶元清的新科状元,他得知自己幸运夺得榜首后,欣喜若狂,谢过皇恩后,穿上皇帝亲赐的衣冠,骑着披着彩绸红花的马,带着侍从,威风凛凛地回乡。一路上,所有的乡民都争相观望状元爷的风采,于是他更加神气飞扬。正得意之时,走到一处较为狭窄的路段,只见一卖柴的樵夫挑着柴担,不慌不忙地在前面走着,听见后面梆梆作响的声音,樵夫丝毫没有避让的意思。随从大声呵斥樵夫,令其让路。谁知樵夫不仅不听,还放下柴担,挡住去路大声道:"新科状元不就是仗着会舞文弄墨吗?有啥了不起的!要不是俺家里穷,从小没钱上学读书,说不定也能考中状元咧。"说罢,竟旁若无人地坐在柴担上擦起汗来。叶状元大怒,下了马,快步逼近樵夫,用马鞭指着樵夫的鼻子问道:"你虽无钱读书,但做一行熟一行,倘若你真是聪明,那么就把你会的本事露两手出来给我看看。"樵夫应道:"我是砍柴的,我的本领就是劈柴。你可以随便挑一截儿木柴,不管什么角度,我都能按照你的要求把它劈开。"状元一听,立即命侍从找来一根歪七扭八的木柴,放在路中间,又让侍从在木柴中间画了一条黑线,然后让樵夫按线把木柴劈开。路人见状都涌了过来,一时间狭窄的道路上挤满了人。只见樵夫不慌不忙地对着木柴左右瞧了一下,眼睛眯了眯,然后抡起板斧,"嗨"一声,刀落处,木柴按黑线一分为二。众人拍手叫绝,把这个新科状元也看呆了。

　　恰在此时,又走过来一个卖油郎,嚷着说:"这有什么了不起,如果我是樵夫,我也能这样!"叶元清一听,就说:"好!我买你一斤九两油,但得用手倒。"随后,便叫侍从取来一个大葫芦,口子只有两三厘米,叫卖油郎往里面装油。卖油郎接过葫芦,又在葫芦口放了一枚铜板,拿起油桶便倒。只见油如同一根线一样落入钱眼中,称一称,除去葫芦本身的重量,刚好一斤九两油。

这时，有个看热闹的乡下妇人说："卖油郎也算不得什么大本事，熟能生巧罢了，不足为奇。"叶状元听到妇人的话后心想，连一个乡下妇人都如此狂妄，于是问道："妇人家，你有什么本领？也拿来瞧瞧！"妇人说："状元爷，我是一个乡下女子，文武不通，只会做些家务事。比如筛米，你去量一升谷、一升米，混在一起，我筛上几遍，能使米中无谷，谷中无米！"状元又叫随从把米和谷拿来混在一起，要妇人当众表演。只见妇人不慌不忙，双手紧握米筛，左筛几下，右筛几下，米和谷便立即分开了，米中没有粒谷，谷中也没有粒米。

状元看了三人的表演，叹了口气说："真是三十六行，行行出状元啊！"后来，人们又把三十六行改为三百六十行，就成了我们现在说的"三百六十行，行行出状元"了。

那么，中华儿女为什么有崇尚技艺文化的传统呢？一方面，追求技艺的过程，既是人技能提升的过程，也是人气质提升的过程。比如我国独步世界的书法艺术，书法就是写字，最早的时候是记录人社会生活的符号，书法之所以成为艺术，是因为要把字写好必须经过苦练的过程，这个过程能让人时刻看到自己的不足，并以此激励自己更加刻苦地练习。同时，在练习中又会对所写的内容不断体会感悟，接受文字中承载的思想内涵，增长自己的才学和见识。"书圣"王羲之当年练习书法达到忘情的程度，有一次忘了吃饭，家人把饭送到书房，他竟不假思索地用馒头蘸着墨吃起来，还觉得很有味。当家人发现时，他已是满嘴黑墨了。正是有了这样的历练，他为后世留下了天下第一行书《兰亭集序》。另一方面，技艺是超越技能本身的精神追求与精湛技术的融合体，没有了人处世中高尚的思想，技就只是一种冰冷的工具，这也是技艺与技能的区别。比如，春秋时期的铸剑大师欧冶子是越国人，吴越争霸的时候，越王勾践战败，卧薪尝胆，希望重新振兴越国，作为当时最著名的铸剑大师，欧冶子为了帮助越国在复国战争中有锋利的兵器，利用青铜比铁性能更优的特点，开启了更加锋利的青铜剑的铸造先河，为后世留下了龙泉、巨阙、湛卢、鱼肠等传世名剑。我们后世惊叹他铸剑艺术的同时，更加敬仰他铸剑报国的精神。

【故事悦读】

技艺来自生活：蔡伦洛阳造纸

蔡伦是桂阳（今湖南耒阳）人，东汉明帝永平十八年（75年）进京城洛阳的皇宫里当了太监，后又兼任尚方令，掌管皇宫内院事务，监制各种御用器物的加工生产。

蔡伦看皇上每日批阅大量简牍帛书，劳神费力，就时时想着能制造一种更简便廉价的书写材料，让天下的文书都变得分量轻巧，便于使用。

据说，有一天，蔡伦带着几名小太监出城游玩，来到了离城（指汉魏故城，今白马寺东南一带）不远的缑氏县（秦始置，今偃师市东南府店镇）陈河谷，也就是凤凰谷，只见谷里溪水清澈，两岸树茂草丰，鸟语花香，景色十分怡人。蔡伦正赏景间，忽见溪水中积聚的一簇枯枝上挂浮着一层薄薄的白色絮状物，不由眼前一亮，蹲下身去，用树枝挑起细看。只见这东西扯扯挂挂，犹如丝绵，用手指捏捏，光滑柔软。

蔡伦想到工场里制丝绵时，那茧丝漂絮完毕，总有一些絮遗留在篾席上。漂絮的次数一多，当把篾席晾干后，那上面就附着一层由残絮交织成的薄片，揭剥下来，写字十分方便。只可惜这残絮量小，无法大量生产。蔡伦忽然想到，溪中这东西和那湿残絮十分相似，也不知是什么物件，能代替絮绵吗？

他立即命小太监找来河旁农夫询问。农夫说:"这是涨河时冲下来的树皮、烂麻,扭一块儿了,又冲又泡,又沤又晒,就成了这烂絮。"

"这是什么树的皮?"蔡伦急忙问。

"那不,岸上的构树(学名楮树)呗!"

蔡伦放眼望去,满眼绿色,脸上漾起笑意。

几天后,最初的造纸作坊便在这条溪旁诞生,蔡伦率领几名皇室作坊中的技工来到这里,利用丰富的水资源和树木,剥树皮,捣碎,泡烂,再加入沤松的麻缕,制成稀浆,用竹篾薄薄捞出一层凉干,揭下,造出了最初的纸。为了加快制纸进度,蔡伦又指挥大家盖起了烘焙房,湿纸上墙烘干,不仅速度快,且纸张平整,更让大家乐开了花。

造出了些纸,蔡伦挑选那规整挺括的,进献给汉和帝。和帝试用后龙颜大悦,当天就驾幸陈河谷造纸作坊,查看了造纸过程,回宫后重赏蔡伦,并诏告天下,推广造纸技术。

后来,汉安帝元初元年(114年),邓太后见蔡伦的纸越造越漂亮,能厚能薄,质细有辉,兼有简牍价廉、缣帛平滑的优点,而无竹木笨重、丝帛昂贵的缺点,真是利国利民,便高兴地封蔡伦为龙亭侯,赐三百户,不久又加封为长乐太仆。人们见纸用着方便,就把这种新的书写材料称作"蔡侯纸"。"蔡侯纸"名声大了,造纸的地方自然也有名,人们便把马涧河的这一段称作"造纸河"。

(摘选自寇兴耀、程苏丹《洛阳名胜古迹传说故事》)

第十六讲

乐在艺中，道艺并济

关于技艺文化，我们所学教材的总体设计是孔子《论语》中的观点——游于艺。这就是让我们在学习艺的传统文化中，乐于在生活实践中，通过乐于求艺，在不断的锻炼中提升技能，在技能的提升中丰富自己的精神世界和物质世界，做到道艺并济。从而，让人思想意识里的真善美和社会现实中的真善美，在中华文明不断前进的道路上始终绽放光芒。

那么，在生活实践中我们如何做到精进技艺呢？这需要经历三个阶段：

一、要身体力行

技艺和人的思想一样，不是一朝一夕就能达到相应境界的。人的某种思想认识形成需要长期对这种理论的学习、观察、思考，而人对某种技艺实现运用自如的驾驭，只有学习、观察、思考是不够的。战国时期有个"纸上谈兵"的故事，说的是当时赵国有个叫赵括的，他父亲赵奢是一位大将军，赵括少年时就熟读兵书，谈起用兵理论的时候口若悬河，就连他的父亲也理论不过他，在他担任赵国抗秦大战的主将时，正是因为他没有一天的战斗实践经验，最终导致赵国战败。因此，人的技艺修炼需要长期的身体力行，这个身体力行的过程甚至是非常艰苦、非常漫长的。这个道理在我国长期的发展中，是众所周知的，比如，宋代诗人陆游的诗句"纸上得来终觉浅，绝知此事要躬行"，古语警句"宝剑锋从磨砺出，梅花香自苦寒来"，都是在提醒我们修习技艺贵在实践、贵在持之以恒。但是，这里需要注意的是，修炼技艺要因时因地制宜，不能简单地机械套用。在中国共产党的历史上就有这样的例子，第五次反"围剿"时中央红军10多万人，国际共产主义派来一名军事顾问叫李德，一直到长征初期，李德奉行左倾冒险主义军事战略，机械套用苏联战争和"一战"时的战术，第五次反"围剿"失败后转入长征，一次湘江战役红军损失得仅剩下3万人，长征初期他仍不思改变，几乎断送了中央红军，直到猴场会议和遵义会议，确立毛泽东军事领导权才挽救了红军，挽救了中国革命。所以，技艺持之以恒的实践，不是照搬套用他人经验的"翻版"，而是结合具体实际的"新版"。否则，技艺的应用就会出现适得其反的结果。

【拓展链接】

赵括自少时学兵法，言兵事，以天下莫能当。尝与其父奢言兵事，奢不能难，然不谓善。括母问奢其故，奢曰："兵，死地也，而括易言之。使赵不将括即已，若必将之，破赵军者必括也。"及括将行，其母上书言于王曰："括不可使将。"王曰："何以？"对曰："始妾事其父，时为将，身所奉饭饮而进食者以十数，所友者以百数，大王及宗室所赏赐者尽以予军吏士大夫，受命之日，不问家事。今括一旦为将，东向而朝，军吏无敢仰视之者，王所赐金帛，归藏于家，而日视便利田宅可买者买之。王以为何如其父？父子异心，愿王勿遣。"王曰："母置之，吾已决矣。"括母因曰：

"王终遣之,即有如不称,妾得无随坐乎?"王许诺。

赵括既代廉颇,悉更约束,易置军吏。秦将白起闻之,纵奇兵,佯败走,而绝其粮道,分断其军为二。士卒离心,四十余日,军饿,赵括出锐卒自搏战,秦军射杀赵括。括军败,数十万之众遂降秦,秦悉坑之。

(摘选自汉司马迁《史记》)

二、要用心专注

这就是要求我们对技艺的修炼不但要观其行,更要用心体会其内在的方法,结合自己的所思所悟,注重在细节上、精益求精上精雕细琢,实现应用技艺时的得心应手、游刃有余。我国五代时期有位以画虎著称的画家厉归真,从小喜欢画画,尤其喜欢画虎,而且勤下功夫。开始的时候由于他画的老虎要么是临摹前人,要么是凭着老虎与猫的相似之处想象,结果尽管画画基本功很扎实,但画出的老虎总被人说成像猫,于是他决心进入深山老林,探访真的老虎。第一次进山遇到真老虎差点被老虎吃掉,幸亏被猎人救下。猎人知道他的用意后,便把他领到一个安全的高台上,以便他能随时观察到老虎的举动。有一次,他观察得太专心了,连带上来的干粮被猴子偷走也没发现。在这种饥寒交迫的艰苦条件下,厉归真坚守在高台上观察老虎,边看边画,一口气画了半个月。回到家,厉归真再画出的老虎就栩栩如生了。在当代,我国2018年评出的"大国工匠"年度人物中,有位中国电子科技集团公司第五十四研究所的钳工夏立,他能将手工装配精度做到0.002毫米,相当于头发丝直径的1/40。这两个例子告诉我们,技艺是人用心钻研和改进的实践结果,没有人内心智慧的技能,只能是简单重复的模仿。因此,进入工业化时代,人工智能机器人的纯机械劳动是无法取代人的手工技艺的,工业生产中精密细致的环节,还是要靠技艺师傅长期用心实践形成的手感去完成。这也是工业化程度越来越高的今天，我国为什么更加重视"大国工匠"和提倡"工匠精神"的原因。同时，这也是我们中职学生要有人生出彩机会的自信底气。

三、要艺为人用

艺是依附于人身上的一种能力体现，离开了人就只剩下冰冷的工具。所以，无论是人开始学艺的过程，还是人专注精进技艺的过程，都是人的精神境界提升的过程。武侠小说里常常有这样的情节，一名武林高手的武艺修炼到最高境界的时候，举手之间就可以杀人于无形，像剑术高手最终都是人剑合一，不用有形的宝剑的。技艺的修炼是一个形成、发展、改进、提高的过程，而这个过程又是人对艺的变化规律的领悟和重新认识的过程。所以，修炼技艺就是修炼人品，利用技艺造福社会的思想要贯穿个人修艺的全过程。在历史上和现实生活中，只修技能，不学做人，最终凭借技能危害社会的例子有很多，比如驾车技术很高，但却经常在路上飙车危害公共安全，在这里我们就不一一列举了。

【故事悦读】

不同车夫的荣辱对比

古时的车夫称为"御"，是古代"六艺"（礼、乐、射、御、书、数）之一，是一门技艺。

中国历史上最早最著名的车夫，是造父。造父因驾车技术高超，深受周穆王宠信，成为御马官、天子车队队长，专管天子车舆。周穆王十七年（前960年），周穆王由造父驾车，巡狩西方，不想在那里遇到了西王母，堕入了温柔乡，乐而忘归。淮夷之地的徐国国君徐子，乘此良机，率领九夷淮夷诸部发动叛乱，自称徐偃王。周穆王闻讯大惊，赶紧回銮。造父驾车疾驰，周穆王一日千里回到国都，立即组织军队反攻，结果大破徐国。周穆王不忘造父的大功劳，把赵城赐给了造父，造父由此而成为赵氏之祖，堪称技能报国的古代车夫典范。

　　春秋中期的一个春天，在江湖盟主楚国的指使下，郑国郑穆公派出大军，以"不朝贡"的罪名，讨伐宋国。宋国哪里敢轻敌，于是派六卿之一、右师华元和司寇乐吕率军抵抗，两军战于大棘（宋地，在今天河南柘城西北、睢县之南）。一天，大战在即，为了给全军将士提提神，壮壮气，鼓舞一下斗志，华元在中军司令部弄了一个羊汤会，命人熬了一大锅羊肉汤给大家喝。没想到的是，轮到华元的车夫羊斟，羊汤没有了。羊斟大怒，心想：你华元这是故意要老子当众出丑吗？羞愧之余，羊斟暗下决心，要报复华元。第二天，双方摆好阵势，正准备开战，羊斟却突然驾战车冲向了敌阵。华元蒙了，老羊你要干什么？羊斟回答说："昨天给不给羊肉汤喝，是你的权力；今天的车往哪里赶，是我车夫的权力。"这一下仗没法打了。结果华元被俘，乐吕战死，宋军大败。可怜华元壮志未酬，就稀里糊涂地成了俘虏。

　　左丘明曾愤怒地指斥羊斟：羊斟这家伙简直不是人啊，只因自己少喝了一口羊汤就出卖国家，就是千刀万剐也难以让人解心头之恨！《诗经》里说的那种丧尽天良的东西，就是指羊斟这种人渣吧！

知识测试（八）

1. 儒家"六艺"经典书籍不包括　　　　　　　　　　（　　）
   A.《诗》　　B.《礼》　　C.《春秋》　　D.《大学》
2. "家财万贯不如薄技在身"，出自　　　　　　　　（　　）
   A.《颜氏家训》　　　B.《朱子家训》
   C.《曾国藩家训》　　D.《王阳明家训》
3. "螣蛇无足而飞，梧鼠五技而穷"的故事出自　　　（　　）
   A. 诸葛亮《诫子书》　　B. 王阳明《示宪儿》
   C. 荀子《劝学》　　　　D. 韩愈《师说》
4. 先秦时期号称"百工之祖"的发明家是　　　　　　（　　）
   A. 墨子　　B. 鲁班　　C. 蒙恬　　D. 石申
5. 发展茶道茶艺学问并写出世界上第一部茶道专著《茶经》的是
   　　　　　　　　　　　　　　　　　　　　　　　（　　）
   A. 陆羽　　B. 白居易　　C. 欧阳修　　D. 苏轼
6. 历史上开启青铜铸剑先河、铸剑报国的铸剑大师是（　　）
   A. 干将　　B. 莫邪　　C. 欧冶子　　D. 徐夫人
7. "纸上谈兵"的故事启示我们修炼技艺要知行合一。这个故事说的是谁纸上谈兵？　　　　　　　　　　　　　　　（　　）
   A. 赵胜　　B. 赵括　　C. 赵奢　　D. 赵云
8. "胸有成竹"的成语源自哪位画竹子的名家？　　　（　　）
   A. 郑板桥　　B. 吴道子　　C. 文徵明　　D. 王冕
9. 体现修炼技艺要全神贯注的典故"老汉粘蝉"是哪位名人与驼背老汉的故事？　　　　　　　　　　　　　　　　（　　）
   A. 老子　　B. 庄子　　C. 列子　　D. 孔子
10. "用笔在心，心正则笔正"是哪位书法名家的名言？（　　）
    A. 颜真卿　　B. 柳公权　　C. 欧阳询　　D. 赵孟頫

第十七讲
中华传统成人观念

我国古代,人的一生中有几件重要的大事,在中华民族传统中是非常重要的,像婚丧嫁娶、科举高中、载誉荣归等等,人们会举行相应的仪式或者用一定的形式进行纪念和庆祝。而这些大事中,大都是人成年之后要励志追求的。在古代男子20岁、女子15岁的时候,会举行成人礼仪式,为男子举行"冠礼",戴上成年人戴的帽子,为女子举行"上头礼",把头发盘起来用簪子别起来,通过这种形式让青年男女明白自己已经长大。在当代,按照我国法律的相关规定,男女年满18周岁视为完全行为能力人,有很多

图 3-17-1·冠礼图(手绘)

学校也会统一为学生按照传统的形式，举行成人礼仪式，让学生明白自己所实施的行为要受道德与法律的约束，完成人生的角色转变，开始独立承担自己行为的结果。因此，成人，在人的一生中是一个分水岭，以一定的年龄为标志，开始承担应有的家庭、社会责任，在行为举止上要遵从成人的标准。那么，我们如何认识中华民族的传统成人观念呢？

【拓展链接】

　　18岁成人仪式旨在抓住中学生从未成年向成年转变的关键时期，对广大中学生进行理想信念教育、思想道德教育、国家观念教育、优秀传统文化教育，引导和帮助广大中学生树立正确的世界观、人生观、价值观，增强公民意识、宪法和法律意识、责任意识、感恩意识，从内心深处激发社会责任感和历史使命感，努力成为担当民族复兴大任的时代新人，为决胜全面建成小康社会、全面建设社会主义现代化国家、实现中华民族伟大复兴的中国梦不懈奋斗。

（摘选自共青团中央关于印发《全国中学生18岁成人仪式规范（试行）》的通知）

一、要明确成人的基本标准

　　孔子回答学生子路问怎么样才算成人时说，像臧武仲一样有智慧，像孟公绰一样自律，像卞庄子一样勇敢，像冉求一样多才多艺，再加上礼乐修养，就可以称为"成人"。可见，成人的要求是对人多方面的综合要求。归纳起来，要重点把握好两个方面：

　　一是心理方面能够严格自律、稳定成熟。这是对人品质素质的要求，要求成人要明确自己要做什么事，并且在做事过程中不能瞻前顾后、摇摆不定，要意志坚定。这里最关键的是意志坚定。晋代有个"闻鸡起舞"的故事，说的是一个叫祖逖的人，步入青年接近成人的时候,意识到自己应当发愤图强、报效国家,给自己定下目标,无论任何季节只要夜里听到公鸡鸣叫,就起床练剑读书。通过长期的坚持锻炼,祖逖成了能文能武的全才,被封为镇西将军,实现了自己报效国家的愿望。我们当代中职生都处在接近成年的阶段,要多从传统文化中汲取养分,加强自己意志品质的锻炼,将来做一个有担当、有作为的人。

二是行为方面能够循规守矩、随机应变。这是对人处事能力的要求,要求成人要行为举止得当、注重礼节,遇事灵活应变,注意方式方法。这里最关键的是灵活应变。三国时期吴国有个大臣诸葛瑾,字子瑜,因为脸长得长经常被大臣们私下开玩笑,说他长了张驴脸。有一次吴国的君主孙权也跟他开玩笑,当着群臣的面让人牵来一头驴,在驴头上写上"诸葛子瑜"四个字。诸葛瑾尽管很尴尬,但又无法责备。这时他的儿子诸葛恪跪下来征求孙权同意后,在后面加了"之驴"两个字,巧妙地缓解了尴尬氛围,还得到了孙权的赏赐。这事启示我们,每个人都可能遇到被开玩笑的尴尬,这时候我们应当灵活应对,及时化解尴尬,切不可意气用事,造成不必要的矛盾。

二、要明确德才双修是真正成人的终身必修课

步入成人阶段,意味着自己开始成为负责任的主体。这个时候,我们首先要意识到自己不能再保留之前的一些不懂事的习惯。比如当学生未到成人年龄,在学校或者社会上犯了诸如盗窃、打架之类的错,老师会尽力教育引导,家长会替你承担责任,但成年之后再犯,等待自己的必然是法律的惩罚。因此,成人之后应继续修为和学习,建立正确的人格追求,巩固真善美的德行,以保证自己的人生道路不跑偏。在这个修为的过程中,要把德才双修作为终生追求的目标,做一个德才兼备的人。习近平总书记曾在不同场合引用《资治通鉴》里的一句话,"才者,德之资也;

德者，才之帅也"，说的是德与才的关系，德要靠才来发挥，才要靠德来统帅，德是立身之本，才能要靠良好的德行指导去确保其发挥好的作用。春秋战国时期，晋国的智宣子想要立智瑶为继承者，族人智果提出反对意见，认为选智瑶不如选智宵，因为智瑶虽然具有高大英俊的外貌、善于驾车射箭、才艺超群、聪慧善辩、意志坚定等五个方面的突出优点，但有一致命缺点，就是特别没有仁爱之心，如果智瑶用这不仁德的态度处事，没有人能招架得了，但智宣子没有听从智果的意见。智瑶主政后果然不行仁德，专权且贪得无厌，结怨于其他权势家族，最后被韩、魏、赵三家合谋灭掉。这就是因无德造成的"三家灭智"的故事。因此，道德能够弥补能力的不足，能力却填补不了道德的缺失。

【拓展链接】

宋哲宗元祐年间，司马光任宰相，提拔了一个人才，叫刘安世，在秘书省工作。司马光为什么提拔刘安世呢？刘安世到任之后，他找刘安世谈话，问："你知道为什么我要提拔你吗？"刘安世说："我哪儿知道，我很本分，从来不走门路。"司马光说："我就看中了你不走门路，当初我被朝廷罢免了官职，闲居的时候，你隔三岔五地来找我，跟我探讨问题。我当了宰相之后，你连封信都没给我写过，更不用说来看我了。就冲着这一点，我就知道，你是一个有德行的人，是一个品行端正的人，再加上你的的确确也很有才华。"

三、要明确成人是一个动态的、不断积累的过程

对一个人是忠是奸、是善是恶、是好是坏的判定，一般是对这个人成人之后的评价。可见，在达到成人的年龄标准后，人仍要不断从心智上修正自己的德行，从行为上提升自己的才能，通

过不断积累去充实自己的思想，丰富自己的经验，完善自己的行为。宋代有个"伤仲永"的故事，一个叫方仲永的人幼年的时候非常聪明，作诗写文章水平非常高，后来不思继续努力学习，最终沦为平常人。还有一个古人姜子牙，西周灭商的统帅，年轻的时候当过宰牛卖肉的屠夫，也开过酒店卖过酒，他始终勤奋刻苦地学习天文地理、军事谋略，研究治国安邦之道，最终70岁辅助周文王、周武王兴周灭纣，被后世尊崇为"兵家鼻祖""武圣""百家宗师"。从这两个故事可以看出，是否注重自我提升，人生的结果是截然不同的。因此，我们要注重个人成长过程的自我完善，脚踏实地地做好应做的事情，这样才能在机遇面前准确把握，实现自己的真正成人。

【故事悦读】

吕蒙正富贵不忘百姓苦

吕蒙正是北宋名相，洛阳城东南十余公里处的偃师（现伊滨区）佃庄相公庄为吕蒙正故里。相公庄村原名坞流村，后为纪念吕蒙正改为相公村。

据说，吕蒙正的父亲在洛阳做官，听信小老婆的谗言，把结发妻及儿子蒙正赶出府门。蒙正母子在洛阳无亲可投，便流落到洛阳东二十多里的一个村子里，寻了一个破窑住下。这个破窑，无门无窗，又破又浅，遇到风雪凌侵，寒冷刺骨。生活没有着落，全靠母亲给村人纺棉赚点钱糊口。母子总是吃稀汤野菜，穿得破破烂烂。幼小聪明的吕蒙正不仅没叫过一声苦，还能挖野菜、拾柴火，为母亲分忧。他每天外出，有意到村学门前听学生读书，听得多了，也能背诵一些。七八岁时，他便央求母亲想去上学。母亲含着热泪说："娘知道读书好，要不是你狠心的爹爹把咱撵出来，你早就入学读书了。可是咱现在连吃穿都顾不上，哪来的钱供你上学呢？"幼小的蒙正固执地说："那俺一辈子不能上学念书了吗？"母亲听孩子这么一说，伤心得一夜翻来覆去睡不着觉。她猛然想起，她小时在娘家跟爹爹也念过几年"四书""五经"，不如自己来教孩子读点书。第二天，蒙正去拾柴火了，她就到村里相识的人家，找了一些残缺不全的旧书，晚上一边纺棉，一边教儿子念书。吕蒙正有了读书的机会，高兴极了，拾柴挖菜时，嘴里也在背诵，晚上读得更有劲。时间长了，有些难解的词，母亲解答不了，他就到村学向先生请教。村学先生见他好学，就收他为"特别学生"，晚上给他讲书，并且给他些笔墨纸砚之类的东西让他使用。这样，吕蒙正的学业大有长进。

有一年春节，吕蒙正在破窑内写下了一副对子：二三四五，六七八九。横额仅题二字：南北。写完后，蒙正嘴角挂着讥讽的笑意，将这副"怪联"贴了出去。

大年初一，吕蒙正家窑洞外围了许多人，踏着雪边看边议论吕家的春联，叽叽喳喳，都说看不懂。这时，村里一位靠给别人放羊度日的穷老汉走过来，听别人一念春联，哈哈笑说："我那草庵也该贴副这样的春联！写得贴切！写得贴切！"众人更不解了，拉着老汉问究竟。老汉哈哈一笑："这不是写他家的生活嘛：缺衣（一）少食（十）没东西！"众人恍然大悟。这时，刚走出窑洞的吕蒙正接说："正是如此！像这种穷年，值得高兴吗？"穷乡邻们于是愤愤然骂起了世道的不公。

蒙正在成为高官之后，依然保持着读书人清廉自守的本色。曾经有人送他一块非常名贵的砚台，砚台的神奇之处就是写字不用加水，只要朝上面呵一口气，砚台上就会凝出水珠，就可以写字了。这样的砚台定然是非常稀有、价值连城的。面对这样的贵重礼物，吕蒙正委婉拒绝了，他的拒绝说辞非常有趣，他笑着对送礼的人说："确实呵口气就能出水，这挺神奇的，不过我想了想，就算是呵上一天的气，也只能出一担水，卖几十文钱，这个东西我还是不要了。"

吕蒙正身居高位后，仍能始终不忘百姓的疾苦，敢于犯颜直谏，正是幼年贫困的生活激励其个人成长中不断自我完善的结果。

第十八讲
学而不已，成人之道

上节课我们明确了成人是一个动态的积累过程，是一个德才兼修的过程，而这个过程是需要靠学习来实现的。成人在人的一生中是成长的一个阶段性起点，以年龄达到成人为标志，人只有通过不断学习来实现自我价值。东汉思想家王充提出"不学不成，不问不知"，就是说一个人不学习就不会有成就，遇事不经常问问为什么，就不会明白事情中蕴含的道理。因此，德行的养成、知识的积累、技能的掌握，都要通过学习来实现，学习是成人的必由之路。通过学习实现成长，我们需要弘扬中华优秀传统文化里的三种方法：

一、好知乐学，勤于自省

《论语》里讲："知之者不如好之者，好之者不如乐之者。"说的是关于学习的态度，了解怎么学习的人，不如爱好学习的人；爱好学习的人，又不如以学习为乐的人。这就是说，成人过程中的学习，只有对学习有兴趣，才能做到勤学、博学、专学，让自己"技多不压身"。每个人的一生是一个漫长的过程，学习也不是一蹴而就、一劳永逸的，这就需要我们树立终身学习的理念；而促进自己树立这种理念，就需要我们勤于自省，不断完善自己身上的不足之处，督促自己不断进步。这是因为人的一生要面对社会大环境的多种考验，学习不但是学习知识技能和经验，更要学习如何做人做事，在这个过程中犯错误是难免的。中华文化中讲"金无足赤，人无完人"，也有"知错能改，善莫大焉"，其中的转变靠的就是人的自省。我国当代有位著名的画家徐悲鸿，在早年一次画展上展出自己的新作《写东坡春江水暖诗意》图，却被一位不懂画的老人提出了意见。老人说他画里的鸭子画错了，因为他画的麻鸭尾巴很长，但现实中麻鸭尾巴没有那么长，并给徐悲鸿讲了现实中普通鸭与麻鸭、雄性麻鸭与雌性麻鸭的区别。徐悲鸿知错即改，下苦功专注写生，才有了后来的艺术大成，他画的马在中国画史上至今是难以超越的艺术高峰。因此，人在学习中既要乐于学习，又要勤于自省。

二、择善而行，见贤思齐

鲁迅有篇短篇小说《故乡》，中心思想是由于当时社会人与人之间不了解和阶级隔膜的冷漠关系，将一个"朴实机灵、聪明活泼"的少年闰土，变成了一个"麻木寡言、精神木讷"的中年闰土。这里给我们的启示是：如果一个人封闭在一个固定的环境中，就会思路闭塞，甚至思想僵化。所以，我们通过学习实现成长，要按照《论语》中要求的，"择其善者而从之，其不善者而改之"，"见贤思齐焉，见不贤而内自省也"。意思是，学习他人要选择他人的优点，看到他人缺点，如果自己也存在，要及时改正，看到别人身上哪怕有一点超过自己，就要虚心请教，想办法赶上。《三字经》中有这样一句话，"昔仲尼，师项橐"，讲的是孔子周游列国时，在去晋国的路上，遇见一个叫项橐的7岁孩子，正在路中间玩摆城池的游戏，孔子的学生子路请他让路，他非要孔子回答两个问题才肯让路。项橐问孔子鹅的叫声为什么大，孔子回答鹅的脖子长所以叫声大；项橐又问青蛙的脖子很短，为什么叫声也很大，结果孔子无言以对。孔子惭愧地对学生说："项橐虽然年纪小，但特别善于观察事物的变化差异，这方面他可以做我的老师啊！"因此，人的学习，最关键是要有虚心的态度，要明白"尺有所短，寸有所长"的道理，不但要向地位、学识高于自己的人学习，而且要向普通人学习，要明白知识和技能均来自劳动人民的伟大创造，注重向劳动人民和在劳动实践中学习，做到取长补短、不断提高。

【拓展链接】

这时候，我的脑里忽然闪出一幅神异的图画来：深蓝的天空中挂着一轮金黄的圆月，下面是海边的沙地，都种着一望无际的碧绿的西瓜，其间有一个十一二岁的少年，项带银圈，手捏一柄钢叉，向一匹猹尽力的刺去，那猹却将身一扭，反从他的胯下逃走了……

这来的便是闰土。虽然我一见便知道是闰土，但又不是我这记忆上的闰土了。他身材增加了一倍；先前的紫色的圆脸，已经变作灰黄，而且加上了很深的皱纹；眼睛也像他父亲一样，周围都肿得通红，这我知道，在海边种地的人，终日吹着海风，大抵是这样的。他头上是一顶破毡帽，身上只一件极薄的棉衣，浑身瑟索着；手里提着一个纸包和一支长烟管，那手也不是我所记得的红活圆实的手，却又粗又笨而且开裂，像是松树皮了。

（摘选自鲁迅《故乡》）

三、学而不已，学以致用

在中华文化的传统里，最讲究学习是一个持续的过程，只有起点，没有终点。所以，庄子说"吾生也有涯，而知也无涯"，用来形容人的生命是有限的、知识是无限的，人要用有限的生命学习无限的知识，像古人所说的"学而不已，阖棺乃止"，做到学无止境、艺无止境。宋太宗赵光义曾命数名大臣合作编写一部规模宏大的分类百科全书《太平御览》，收集摘录了1600多种古籍的重要内容，太宗皇帝想看完它，有人劝他不要太辛苦。宋太宗认为从书中常常能得到乐趣，多看些书，总会有益处，于是坚持每天阅读三卷。由于他的榜样作用，很多大臣纷纷效仿，已至暮年不常读书的宰相赵普，也开始孜孜不倦地阅读《论语》，为后世留下了"半部论语治天下"的美谈。这就是"开卷有益"的故事，启示我们读书学习不论早晚，都是对人的成长有好处的。

然而，学习的终极目标是要将学到的知识应用到现实生活中。故而，学习还要学思结合，正确地运用学到的知识。我国古代有个"按图索骥"的故事：春秋时期秦国有个人叫孙阳，他一眼就能认出好马和坏马，人们称他为伯乐，伯乐把自己认马的本领都写到一本叫《相马经》的书里，画了各种马的图。伯乐的儿子很笨，却希望自己也能像父亲那么厉害。于是，他把《相马经》背得很熟，以为自己也有了认马的本领。一天，他在路边看见了一只癞蛤蟆，想起书上说"额头隆起，眼睛明亮，有四个大蹄子"的就是好马，便非常高兴地把癞蛤蟆抓回了家，对伯乐说自己找到了一匹好马。伯乐哭笑不得，只好说："你抓的马太爱跳了，不好骑啊！"因此，荀子说"知之而不行，虽敦必困"，就是讲的这个道理，意思是懂得许多道理却不付诸实践，虽然学到的知识很丰富，也必将遇到困难。这里体现的就是学习的目的是应用，像伯乐的儿子只知道死读书、不思考，在行为上就会闹出千古笑话。因此,在"学而不已"的基础上,我们要认真思考,在实践中对比,从而达到灵活掌握、学以致用的效果。

【故事悦读】

诸葛亮喂鸡求学

　　诸葛亮小的时候,跟着隐居在襄阳城南的水镜先生学习兵法。水镜先生养了一只公鸡,公鸡一到晌午啼叫三声,水镜先生就下课了。诸葛亮听课听得很不过瘾。

　　为了能多听老师讲课,他想了一个办法,在裤子上缝了一个口袋,每天上学的时候就抓几把小米放在口袋里。当晌午快到时,他悄悄地朝窗外撒一把小米。公鸡见有黄灿灿的小米,顾不上啼叫,就啄食起来。刚刚啄完,诸葛亮又撒一把,直到把口袋里面的小米撒完。等公鸡吃完口袋里的小米再叫时,水镜先生已多讲了一个时辰的课。

　　可师娘不知道咋回事儿,每次丈夫讲完课,都把等丈夫吃饭的她饿得不能行。她就问水镜先生:"怎么搞到这么晚,晌午过了,也不知道饿!""你没听见鸡才叫吗?"水镜先生说。

　　师娘也是个聪明人,知道其中必有奥妙。第二天快到晌午的时候,她悄悄地来到了院子里,只见那只花颈公鸡刚要伸长脖子叫唤,就有人从书房窗口撒出一把小米。她走上前,把事情看了个仔细,又悄悄地回家了。

　　这天水镜先生回来,师娘笑着说:"你这个当先生的,还不如小诸葛。"于是她把看到的情况一五一十地告诉了水镜先生。

　　水镜先生听后一愣,哈哈大笑起来,心想诸葛亮喂鸡求学,真是聪明过人,将来必定是盖世奇才。

诸葛亮一生为国，鞠躬尽瘁，死而后已。他在公元234年写给8岁儿子诸葛瞻的一封家书（后称《诫子书》）中写道："学须静也，才须学也，非学无以广才，非志无以成学。"教育自己的儿子，学习必须静心专一，才干来自勤奋学习；如果不学习就无法增长自己的才干，不明确志向就不能在学习上获得成就。

知识测试（九）

1. 荀子的"能定能应"体现一个人各方面的能力，是对成人的 （ ）
   A. 重要要求　B. 特殊要求　C. 一般要求　D. 基本要求

2. 鲁迅曾经用"史家之绝唱，无韵之离骚"来评价 （ ）
   A.《汉书》　B.《史记》　C.《春秋》　D.《尚书》

3. 古代女子一般在15岁左右举行成人礼，女子成人礼上，最重要的一个仪式是用发笄把头发盘起来，所以女子的成人礼又叫（ ）
   A. 冠礼　B. 贺礼　C. 笄礼　D. 发礼

4.《论衡》是我国唯物主义哲学的先驱之作，其作者是 （ ）
   A. 司马迁　B. 王充　C. 李时珍　D. 张衡

5. "三人行，必有我师焉"出自 （ ）
   A.《史记》　B.《中庸》　C.《论语》　D.《尚书》

6. 与欧阳询、颜真卿、赵孟頫并称为"楷书四大家"的是 （ ）
   A. 柳公权　B. 王羲之　C. 李时珍　D. 王铎

7. 李时珍是我国明朝著名医药学家，著有 （ ）
   A.《本草纲目》　B.《黄帝内经》　C.《本草经》　D.《难经》

8. 我国第一部纪传体通史是 （ ）
   A.《春秋》　B.《左传》　C.《史记》　D.《战国策》

9. 古代男子一般在几岁举行成人礼？ （ ）
   A.15　B.16　C.18　D.20

10. 战国时期，有齐、楚、燕、韩、赵、魏、秦七个大国，史称"战国七雄"。负荆请罪的廉颇属于哪一国？ （ ）
    A. 齐国　B. 韩国　C. 赵国　D. 燕国

第四章

温文尔雅

第十九讲
腹有诗书气自华

北宋大文豪苏轼有句诗："粗缯大布裹生涯，腹有诗书气自华。"意思是，虽然身穿简陋的土布衣服，头上的发带用的是粗麻布条，但满腹诗书文化，就自然具备了华丽高雅的人格气质。这生动地体现了中国人完美人格境界追求的标准。这个标准，不是地位的高低和出身的贵贱，而是有没有诗文底蕴的内在涵养。因此，诗文文化，以"诗"和"文"的形式为载体，融合了人格化的人文情操和艺术化的语言文字，让真善美的生活追求在中华民族落地生根，是中华文化中璀璨的明珠，是中国人引以为傲的文化创造。

我们首先透过历史发展来了解诗文文化的地位。诗和文是中国文学中最基本的体裁，语言上有节奏和韵律的称为"诗"，"诗"以外的词、赋、曲、小说、传记、散文等所有文学体裁统称为"文"。有了文字之后，中华民族的人文思想和生活追求形成了丰富多彩的中国文学，与中华文化交织发展，向世界多样性地展示了中华文化的博大精深。从起源上讲，诗歌是我国最早的文学体裁，它源自劳动和劳动人民的创造。诗歌的最早雏形是中国先民在劳动时集体随意发出的具有节奏感的"劳动号子"，以此缓解疲劳、激发力量。电影《铁人》中就有劳动号子的时代再现，王进喜带领钻井队安装设备时，一根缆绳突然断开，他身先士卒，口中喊着劳动号子，硬是用人力把重达几吨的设备架了起来，"石油汉子，呦嘿，一声吼啊，呦嘿！地球也要，呦嘿，抖三抖啊，呦嘿"！后来，有人把生活中的喜怒哀乐编成有韵律的歌词放进劳动号子里传唱，在民间就流传了大量反映不同朝代生活的歌谣，这就是最早的诗歌。西周时期，官方设立了采诗官，专门收集民间歌谣，整理成文字记录下来；春秋中期，有人把流传下来的民间歌谣整理成册，后经孔子修订，就形成了我国最早的一部诗歌总集《诗》；西汉时孔子编辑或修改的作品被尊为经典，改名为《诗经》，其中共收集了西周初期至春秋中叶五百多年间的311篇诗歌，大部分是没有作者姓名记录的民间作品。这充分说明，诗既不是部分人的专利，也不是读书人的标签，是起源于劳动、发展于民间的中华儿女的集体创造，是中华民族全民劳动智慧和语言创造力的集中体现。以《诗经》为起点的现实主义文学形成之后，战国时期的楚国士大夫屈原，吸收南方的民间句法和战国散文的句法，创作了感伤国运、忧思家国的旷世名篇《离骚》，是中国浪漫主义文学的源头。在此后又经历了汉赋、唐诗、宋词、元曲、明清小说的发展，形成了以语言文字为表现形式的诗文文化，通过数千年的繁荣发展滋养着整个中华民族。

【拓展链接】

《诗经》是中国古代诗歌的开端，最早的一部诗歌总集，收集了西周初年至春秋中叶（前11世纪至前6世纪）的诗歌，共311篇，其中6篇为笙诗，即只有标题，没有内容，称为笙诗六篇（《南陔》《白华》《华黍》《由庚》《崇丘》《由仪》），反映了周初至周晚期约五百年间的社会面貌。

《诗经》的作者，绝大部分已经无法考证，传为尹吉甫采集、孔子编订。《诗经》在先秦时期称为《诗》，或取其整数称《诗三百》。西汉时被尊为儒家经典，始称《诗经》，并沿用至今。

《诗经》在内容上分为《风》《雅》《颂》三个部分。《风》是周代各地的歌谣；《雅》是周人的正声雅乐，又分《小雅》和《大雅》；《颂》是周王室和贵族宗庙祭祀的乐歌，又分为《周颂》《鲁颂》和《商颂》。

那么，诗文文化为什么能够历久弥新，成为中华儿女普遍的优雅情趣和雅致追求呢？就是因为这种源自民间的劳动创造既具备全民认同的起源基础，又融入了中华民族的审美意识，是中华人文之美的集中体现。我们可以概括为：**语言美，意境美，情感美，哲思美**。

一、语言美

这是诗文美的基本体现。诗歌从起源开始，把生活化的人际沟通赋予文雅的语言表达，与粗劣恶俗的语言表达区别开来，用凝练、含蓄、跳跃的语言创造，给人以直观美的体现，成为中国人话语体系中的重要部分，体现在我们中国人的思想观念里，就是无论一个人知识层次的高低，说话的时候文雅含蓄就会被人尊重，反之经常"爆粗口""恶语伤人"就会令人讨厌。比如《三字经》，之所以能够成为中国最有影响力的儿童启蒙教材，就是因为它凝练的语言表达，有助于儿童在诗文语言美的体验中，了解其中智慧的价值判断，像"莹八岁，能咏诗；泌七岁，能赋棋。彼颖悟，人称奇；尔幼学，当效之"，短短24个字，讲述了北齐祖莹8岁能吟诗、唐朝李泌7岁能以下棋为题作出诗赋的故事，和后世人应当效仿他们的道理。

二、意境美

当我们看见一轮皓月当空时，想到的是嫦娥奔月、吴刚伐桂、玉兔捣药、中秋家和，而不是冰冷的死寂星球，这种情怀就是意境。中国诗文用优美的语言描写具体的景物，抒发人的真实情感，使读者如身临其境，引起与作者境界相似的心灵共鸣，最能体现意境美，因此，意境是诗文的灵魂。有个"人面桃花"的诗文典故，唐朝有位诗人崔护，进京赶考落榜，清明节这天独自到城南踏青解闷，走到一所四周桃花环绕、景色宜人的住宅，恰逢口渴便敲门讨水喝。开门的是一个美丽姑娘，把他让到家里并沏了热茶。喝茶间崔护看着姑娘倚门而立楚楚动人的姿态，不经意与姑娘四目相对，感受到了姑娘无限深情的眼神，顿时生出了爱慕之情。受当时伦理观念的影响，作为落第举子的崔护没敢大胆追求。第二年清明节，崔护旧地重游时，却见院墙如故而大门紧锁，他怅

图 4-19-1 · 太湖余晖（摄于无锡太湖）

然若失，便在门上写下了著名的《题都城南庄》诗："去年今日此门中，人面桃花相映红。人面不知何处去，桃花依旧笑春风。"后来的诗文中就常以"人面桃花"来表达男子邂逅美丽女子却不能再见的惆怅心情。

三、情感美

这是指诗文中传达出的高尚情操和心理活动，是诗文美的一种内涵表现。因此，品读诗文时，感染我们的不但有语言的创造力，更有诗文承载的人精神世界里真挚的情感。比如，南宋词人辛弃疾，曾是抗金名将，立志收复中原失地，却在主和派的打压下不被重用，担任建康通判时，已经被朝廷闲置了八九年之久。有一次出门游玩时写下了《水龙吟·登建康赏心亭》，其中"把吴钩看了，栏杆拍遍，无人会，登临意"几句，说的是辛弃疾登高望远，心忧大好河山遭受异族欺凌，不禁豪气英发，拔出腰间佩带的吴钩宝剑，宝剑锋利寒光闪闪，却不能阵前杀敌，不免心中愤恨，举起手掌拍打栏杆，但是即使拍遍了亭下的栏杆又能如何呢？正如举朝上下无人听取自己的杀敌建议一样，没人能理解他此时的心情。这句诗就是辛弃疾感怀生平遭遇的真实情感流露，抒发了自己怀才不遇的悲愤和壮志难酬的愁闷。

四、哲思美

清朝大诗人郑板桥有首诗："衙斋卧听萧萧竹，疑是民间疾苦声。些小吾曹州县吏，一枝一叶总关情。"这里体现的哲理是：人所处地位、立场不同，对问题的看法也会不同，因此只有用唯物主义的观点，站在人民立场上去认识，才能做到"一枝一叶总关情"。郑板桥诗中的哲思之美，就是源于中国诗文是融入人生活经历和人生感悟的创作结果。这个融入不是一蹴而就的，是一个长期的修养过程。郑板桥小的时候，和同学一起跟着私塾先生春游，走到一座小桥上，见桥下河里漂浮着一具姑娘的尸体，先生要求学生即时赋诗，并先自吟一首："二八女多娇，风吹落小桥。三魂随浪卷，七魄逐水漂。"跟随的学生都拍手叫好，唯有郑板桥摇头，他说："二八女多娇，你怎么知道？风吹落小桥，何以见得？三魂七魄，你看见了吗？"于是，他从不同的角度赋诗："谁家女多娇，何故落小桥？青丝随浪卷，粉面逐水漂。"相比之下，郑板桥的诗就言之有据，更加符合唯物主义的哲学思维。因此，中华诗文是中国人理性思考和哲学思维的鲜明体现。

【故事悦读】

诗文遇上皇权：万般文字皆是泪

南唐后主李煜本是个典型的文人雅士，他喜欢与诗词歌赋、书画文章相关的儒雅风流，他向往做一个风流倜傥、满腹经纶的文人墨客，他追求隐逸山水、自由自在的田园生活。"一棹春风一叶舟，一纶茧缕一清钩。花满渚，酒满瓯，万顷波中得自由。"那是一个春水碧绿的小岛，他或是一袭轻衣，在鸟儿吟唱鲜花盛开之处，拈花微笑着与随从们嬉戏；他或是驾一叶扁舟，载酒轻歌，从容地吟唱静雅的细腻生活。他经常游历在钟山莲峰之间，高声歌唱这"一壶酒，一竿纶，世上如侬有几人"，把钟山隐士、莲峰居士的足迹留在天地之间。然而，这样的快乐对李煜来说太少了。尽管他根本无意皇权王位，但他的天生帝王之相却和他开了个玩笑。24岁时，南唐国运鬼使神差地又落到了他的头上，也开始了南唐和李煜的双重悲剧。

才子佳人经常会被传为佳话，对于一国之主却不是一件好事。李煜的皇后，姓周，名娥皇。这是一个才貌双全的江南美女。据说，一次夜宴，娥皇举杯请李煜起舞，李煜好像要考验娥皇，说："你要能制一新曲，我就舞。"娥皇随即填写一曲，并抱起琵琶弹奏，美妙的旋律让李煜情不自禁地和曲而舞。娥皇的美滋润了李煜的词笔，李煜的词笔铭刻了娥皇的神韵。"杯深旋被香醪涴，绣床斜凭娇无那，烂嚼红茸，笑向檀郎唾。"与周后一起沉湎于歌舞升平之中的李煜忘却了艰难国事的烦忧。

　　李煜只是一个饱读诗书的风流雅士，他没有治国之能，内心又时刻充满着鱼与熊掌兼得的书生式的想当然。一旦大厦倾倒，懦弱与卑怯又马上占据了他的整个心灵。面对宋军虎视眈眈屯军国门的堪忧局势，面对大臣们不满之声日盛的尴尬窘境，他天真地选择了逃避，他甚至不惜把弟弟派往宋朝进贡作为人质，他还可以自削国号自称"江南国主"。为的就是想保留那份"知我意，感君怜，此情须问天"的麻醉式的陶醉。他的天真、他的逃避，也仅仅换来了片刻的偷欢，成为赵匡胤横扫南唐的助力器。猛将林仁肇被杀，忠臣潘佑、李平被杀，他们死于李煜的失误与懦弱。有才华但不被重用的樊若水投降了，他不堪窝窝囊囊地跟着李煜苟且偷生，他向赵匡胤出卖了偷渡长江天险的方法。自毁长城，无险可据，三千里南唐沃土成了宋朝的囊中之物。

　　归宋之后，李煜先是被封为"违命侯"，后又降为"陇西郡公"，常年被封闭在没有自由的小院子里，就像一个被老虎按在爪子下的小兔，听天由命。就连那美丽的小周后也成了别人肆意踩躏的玩物。笙箫的旋律，醉酒的眩晕，遮不住痛苦的泪和残酷的现实。"多少泪，断脸复横颐。心事莫将和泪说，凤笙休向泪吹时，肠断更无疑。"曾经的儒雅帝王、现在的阶下囚徒，流露出的心迹，唯有沉痛的思念、精神的迷离。看不到"故国梦重归"，只留下"觉来双泪垂"，本来就没有乖戾之气的李煜只能梦想着得到哪怕一丁点儿曾经的自由，只盼来生不要再生帝王家。垂泪与日渐憔悴的妻子相拥，故作欢颜，在自己的小天地里，"梦里不知身是客"，权且"一晌贪欢"吧！"无限江山，别时容易见时难"，自取其辱三年多的阶下囚生活，让李煜真正理解了获得尊严与自由是多么的艰难，因为他看不到自由与尊严的希望，只能把泪水化作万般文字，随着"落花流水春去也"，与梦想的美好欢乐永成"天上人间"。

第二十讲
诗言志,文载道

在中国人的精神世界里,不论是处江湖之远,还是居庙堂之高,以"人"为核心,形成了崇尚文雅情怀的诗文文化,滋养了后世中华儿女融入血脉的崇高民族精神,它不只是抒发情感的手段,更蕴含着特有的中国思维和中国智慧,是最具以文化人、以文育人功能的传统文化。因此,中国是一个诗的国度,中华民族是一个诗性民族。其具体的作用体现,可以用四句话概括:**激发崇高志向,滋养正气人格,启发明理思维,培育家国情怀。**

一、激发崇高志向

我国古代有一部诗歌理论著作《毛诗序》,其中有种论述:"诗者,志之所之也,在心为志,发言为诗。"意思是诗歌是个人志向的表现形式,存在于内心是志向,用语言表达出来是诗歌。孔子在《诗论》中也曾认为"诗亡离志",就是说离开了"志"就不能成为"诗"了。因此,从中华先民激发集体力量的劳动号子,发展到托物寄情的文学体裁,抒发个人情感志向始终是中华诗文的起点和核心,是以文学形式承载内涵修养的文化。透过中华诗文我们能够感受到中华民族集体的精神面貌和崇高志向,激

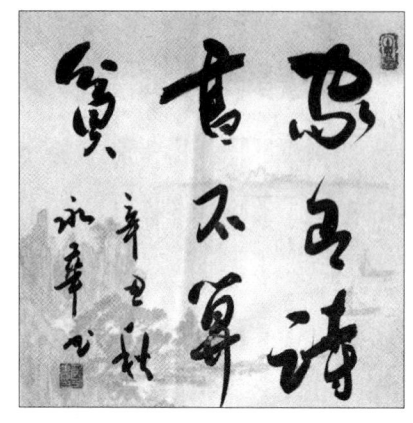

图1-20-1·家有诗书不算贫（书法）

励着一代代中华儿女充满自信的豪情壮志。1910年，青年毛泽东正值17岁，风华正茂，父亲想让他去做生意，他却立志走出韶山冲到新式学校继续求学，在自己的力争和亲友、老师们的劝说下，父亲答应了他的请求。离家前夕，毛泽东写了《七绝·改诗赠父亲》夹在父亲每天必看的账簿里："孩儿立志出乡关，学不成名誓不还。埋骨何须桑梓地，人生无处不青山。"当时毛泽东还没有成长为无产阶级革命家，甚至还不知道马克思主义是什么，但这首诗却是青年毛泽东走出乡关、奔向外面世界的宣言书，从中表明了他胸怀天下、志在四方的远大抱负。今天来读这首诗，对照环境和时代，我们在崇敬老一辈革命家伟大的同时，也会激发向他们学习、树立崇高理想的内心情感。

【拓展链接】

我很不赞成把古代经典诗词和散文从课本中去掉。我觉得"去中国化"是很悲哀的。这些诗词从小就嵌在学生们的脑子里，会成为终生的民族文化基因。

（摘选自习近平到北京师范大学看望一线教师时的讲话）

二、滋养正气人格

中华诗文有了崇高志向的承载，就有了以文化人的"根"和"魂"，一篇篇诗文中表现出的个人人格气节，汇聚成为中华儿女集体的精神风貌，滋养着中华全民族满怀正气的精神人格。比如，我们因为"粉骨碎身浑不怕，要留清白在人间"，认识了力排众议、御敌京门的明朝民族英雄于谦；我们因为"人生自古谁无死？留取丹心照汗青"，认识了孤忠大节、宁死不屈的南宋丞相文天祥；我们因为"我自横刀向天笑，去留肝胆两昆仑"，认识了有心杀贼、无力回天的清末变法领袖谭嗣同；等等。所以，创造出那些脍炙人口的千古名句的前人，未必都是那个时代被社会认可的人物，皆是因为诗文中饱含着他们的壮丽情怀，让他们成为后人心目中的中华先贤，让诗文更具教化后人的精气神儿。明朝嘉靖年间有位兵部员外郎杨继盛，刚直不阿、胸怀正气，力主抗击北方鞑靼人的入侵，因弹劾大奸臣严嵩，被迫害入狱，在狱中两年后被杀害。这个人在中华浩瀚的历史中，才气上不如同期文人，战功上不如同期将领，称不上大人物，他在行刑前写下"浩气还太虚，丹心照千古。生平未报国，留作忠魂补"，表达了至死不忘继续用自己的忠魂报国的凛然正气，这既是中华诗文对他人格滋养的结果，也是他被后世敬仰、被历史记载的原因。

三、启发明理思维

中华诗文来源于劳动创造，具有内容丰富的群众基础。很多诗文本身就是在传播人生经验和教人明理处世的方式和手段，即便是最早的诗歌总集《诗经》，虽然距离我们很遥远，放到当代也能从中给我们很多处世启示。比如《关雎》中的"窈窕淑女，君子好逑"，指美丽贤淑的女子，是君子最好的配偶，这就启示我们，择偶或择业的标准要追求合适，做到两美结合、美美与共；

"参差荇菜，左右采之"，直接的理解是参差不齐的荇菜，要从左到右采摘，延伸的理解是确立了做事的目标之后，要遵从一定的职业标准将理想化为行动；"窈窕淑女，琴瑟友之"，说的是对待美丽贤淑的女子，要奏起琴瑟来引起她的注意，其中传递的道理是在追求目标过程中，要注重实力、发挥特长才能取得高效率；"窈窕淑女，钟鼓乐之"，就是对待美丽贤淑的女子，要像钟鼓和鸣一样与她快乐地生活，这就要求我们对待爱情、事业、理想，要坚持到底，在珍惜拥有中享受快乐生活。因此，中华诗文在内容上从家庭到社会，再到处世道理，丰富多样，是启发我们为人处世理性思维的智慧源泉。

四、培育家国情怀

中华文化历来注重体现关注民生的正义情怀和精忠报国的民族责任，在这样的文化环境里，只要有语言的存在，中华诗文中贯穿的家国情怀鲜明主题，总能将"济苍生、扶社稷"的人生理想传递到每一个中华儿女的内心深处，让人和文融合为人文思想，培育一代又一代拥有家国情怀的中华儿女。比如，唐代现实主义"诗圣"杜甫，他的诗通过描写正史中少有的民间小人物，在大时代的茫然、痛苦、无奈中，记录着唐朝从强盛转为衰败的过程，最能引起后人家国情怀的共鸣，被人称作"诗史"。他为人民代言，传下了倾诉人民痛恨战争的《兵车行》，讽刺官场荒淫腐朽的《丽人行》；他高举爱国主义旗帜，大力宣传反战思想，传下了反映战争下民不聊生的"三吏""三别"；他颠沛漂泊，仍忧国忧民，以天下为己任，传下了处江湖之远则忧其君、未居庙堂之高也忧其民的《秋兴八首》。可以看出，杜甫虽然官职小，但是在国家危难之际还是选择了以国为重，并没有因为自身安危而放弃国家的前途。这种忧国忧民的家国情怀，正是我们学习中华诗文文化最现实的意义。

【故事悦读】

诗文里的大众生活追求

"三生石上旧精魂,赏月吟风莫要论。惭愧情人远相访,此身虽异性长存。"这是晚唐学者袁郊传奇小说《甘泽谣》中的一首诗。这里记录着他挖掘民间素材寓以新意,来表现真实人间社会生活断面的故事。

唐代有位贵族子弟李源,年少时便以歌唱得好闻名,在其父亲死于"安史之乱"后,体悟到人生无常,就住在洛阳惠林寺修行。寺里有位圆泽禅师,很懂音乐,二人便成了知音好友。有一天,他们相约共游四川的青城山和峨眉山。从湖北沿江而上,到了南浦岸边,看到一位穿花缎衣裤的妇女背着陶瓮在河边取水。圆泽望着她流下泪来,哭着说:"那妇女姓王,我注定要做她的儿子,因为我不肯来,所以她怀孕三年了还生不下来,现在既然遇到了,就没法逃避。三天以后请你到她家看我,我以一笑作为证明。十三年后的中秋节月夜,你来杭州的天竺寺外,我一定来和你相见。"李源很悲痛,到黄昏时,圆泽死了,那位妇女也随之生了小孩。三天以后,李源去看婴儿,婴儿见到李源果真微笑。于是李源再也无心去游山,就返回惠林寺。十三年后,李源从洛阳到杭州西湖天竺寺,去赴圆泽的约会。到寺外,忽然听到牧童拍着牛角歌唱道:"三生石上旧精魂(我是过了三世的旧日朋友的魂魄),赏月吟风莫要论(赏月吟风的往事早已过去了)。惭愧情人远相访(惭愧真情的朋友不远千里来探访),此身虽异性长存(我的身体虽然变了心性却长在)。"李源听了,知道是旧日的朋友,忍不住问道:"泽公你还好吗?"牧童回答:"李公真守信,但我的俗缘未了,不能和你再亲近,只有努力修行不堕落,

131

将来还有机会相见。"说罢掉头而去,从此不知道他往哪里去了。这就是杭州西湖天竺寺外"三生石"的故事。

这里体现的是:生可以死,死可以生;身体可以改变,但友情不会改变。

知识测试（十）

1. "腹有诗书气自华"诗句的作者是　　　　　　　　　　（　）
   A. 苏轼　　B. 李白　　C. 杜甫　　D. 王维
2. 我国第一部诗歌总集《诗经》收录诗歌共多少篇？　　（　）
   A.805　　B.460　　C.311　　D.198
3. 我国诗歌起源于"劳动号子"，历史记载的最早诗句产生于
   　　　　　　　　　　　　　　　　　　　　　　　　（　）
   A. 神农时期　　B. 黄帝时期　　C. 西周时期　　D. 秦汉时期
4. 《离骚》开启了中国浪漫主义文学的源头，其作者是战国时期的
   　　　　　　　　　　　　　　　　　　　　　　　　（　）
   A. 苏秦　　B. 伍子胥　　C. 管仲　　D. 屈原
5. 杂剧是用于戏剧表演的剧本，写各种角色的唱词、道白、动作等。它是哪一时代的戏剧？　　　　　　　　　　　　　　（　）
   A. 汉代　　B. 宋代　　C. 元代　　D. 明代
6. 中国古代诗文的灵魂是　　　　　　　　　　　　　　（　）
   A. 语言　　B. 意境　　C. 情感　　D. 哲思
7. 论述儒家修身、齐家、治国、平天下思想的散文是　　（　）
   A.《大学》　　B.《中庸》　　C.《孟子》　　D.《论语》
8. 下列哪首是属于揭露官场黑暗、反映民间疾苦的诗？（　）
   A. 于谦《石灰吟》　　B. 文天祥《过零丁洋》
   C. 王翰《凉州词》　　D. 白居易《卖炭翁》
9. "先天下之忧而忧，后天下之乐而乐"的名句出自　　（　）
   A.《醉翁亭记》　　B.《岳阳楼记》
   C.《小石潭记》　　D.《桃花源记》
10. "不学诗，无以言"是谁说的？　　　　　　　　　　（　）
    A. 老子　　B. 孔子　　C. 孟子　　D. 墨子

第二十一讲
荡气回肠传千古

鲁迅在短篇小说《社戏》开头有一段描写:"我在倒数上去的二十年中,只看过两回中国戏,前十年是绝不看,因为没有看戏的意思和机会,那两回全在后十年,然而都没有看出什么来就走了。"在当今时代恐怕也有很多人跟鲁迅先生一样,有过从戏曲里"都没有看出什么来"就直接走掉的经历。文化属于精神文明的范畴,是与物质文明同步发展的。鲁迅生活的年代,生活上朝不保夕,是没有物质文明支撑的,不看戏曲是当时时代的物质写照。而当今新时代,中华民族已经走上了从站起来到富起来再到强起来的光明大道,传承和弘扬中华戏曲文化应当是我们每个人义不容辞的责任。

【拓展链接】

戏曲是中华文化的瑰宝,繁荣发展戏曲事业关键在人。希望中国戏曲学院以建校70周年为新起点,全面贯彻党的教育方针,落实立德树人根本任务,引导广大师生坚定文化自信,弘扬优良传统,坚持守正创新,在教学相长中探寻艺术真谛,在服务人民中砥砺从艺初心，为传承中华优秀传统文化、建设社会主义文化强国作出新的更大的贡献。

（摘选自习近平给中国戏曲学院师生的回信）

一、我们要了解中国戏曲的起源与发展

戏曲是对中国传统戏剧的专称，是中华传统文化的重要组成部分。它与古希腊戏剧、印度梵剧一起，并称为世界三大古老戏剧文化。但古希腊戏剧、印度梵剧都没有流传和延续下来，唯有中国戏曲至今仍活跃在舞台上，比如，我们河南豫剧2006年走进澳大利亚悉尼大剧院举办"梨园飞歌"专场戏曲晚会，之后，2017年亮相英国爱丁堡国际艺术节，2018年走进俄罗斯首都莫斯科和世界文化名城圣彼得堡，引领中国戏曲惊艳了世界的舞台，让中国戏曲飞歌海外，呈现出了极其顽强而旺盛的生命力。下面，我们循着历史的脉络走进戏曲，来探寻这古老而又迷人的文化。

中国戏曲起源于上古原始社会，当时氏族部落在举办敬神、娱神等宗教仪式的表演活动中，人们用歌舞来再现狩猎生活的场面，这种歌与舞的结合就是中国戏曲最早的雏形。比如现在许多农村还保留着像"扭秧歌"这样的活动，就源自原始歌舞。夏朝末期，出现了以滑稽取笑为主要内容的宫廷优戏和以表演为职业的俳优。周朝时期，编钟、编磬等成套乐器开始出现，宫廷舞蹈得到很大发展。在汉代，以角抵戏为代表的民间俗舞大量兴起。到了隋唐，参军戏盛行朝野，表演人数也从夏朝的一人增加到两人或两人以上。虽然这些表演艺术都算不上真正的戏曲，但是它们都从不同的角度，直接或间接地为中国戏曲的产生提供了养料。可见，中国戏曲本身就是广大民众创造的产物。

到了宋朝，经济发达，城市繁荣，市民的文化生活逐渐丰富起来，这就为戏曲走向成熟奠定了良好的物质基础。在当时的勾栏瓦舍、市井之间，兴起了以滑稽逗笑为主要内容的宋杂剧，戏

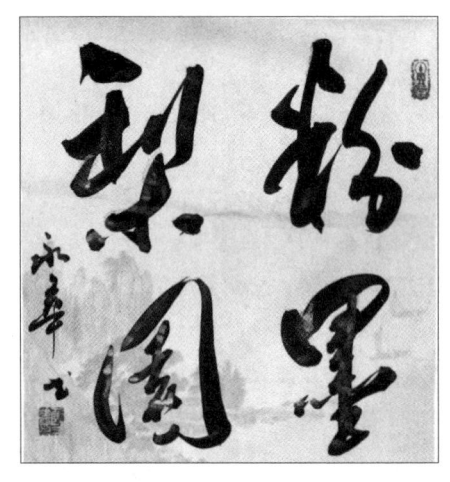

图 4-21-1·粉墨梨园（书法）

曲正式诞生。宋金时期出现了专门负责培训艺人的教坊，先是只为朝廷和王公贵族表演，后来教坊杂剧面向市民开放，宋杂剧成为官民共享、雅俗共赏的文化。到了南宋，浙江温州一带出现了一种新的戏剧形式即南戏，在声腔上创造了昆山腔、弋阳腔、海盐腔、余姚腔"四大声腔"，综合运用歌唱、对白、舞蹈等形式，来表现完整的故事情节和较为复杂的场景，成为"百戏之祖"。宋末的时候，评论家刘埙在《词人吴用章传》中提出"永嘉戏曲"，第一次使用"戏曲"这一名词，后来民国时期的王国维把"戏曲"作为中国传统戏剧的统称。

到了元代，北方地区出现了一种新的综合性戏剧艺术即元杂剧，它的出现具有划时代的意义，象征着中国戏曲文化进入了成熟阶段，当时出现了一批流传至今的优秀剧目，如关汉卿的《窦娥冤》、王实甫的《西厢记》、白朴的《梧桐雨》等。明清时期，中国戏曲继续发展，1840年鸦片战争以后，各种带有地域性特点的剧种不断繁衍、融合成为地方大戏，例如越剧、川剧、湘剧、河北梆子等。1919年五四运动后，在梅兰芳、白驹荣等一批优秀戏曲大师的推动下，中国戏曲开始走出国门，在国际舞台上崭露头角。如今，在华夏大地上，以京剧、越剧、黄梅戏、评剧、豫剧五大戏曲剧种为核心，各民族地区的戏曲剧种有360多种，地方剧目、传统剧目数以万计。

【拓展链接】

　　昆曲，发源于江苏太仓南码头，有六百多年的历史，许多地方剧种，像晋剧、蒲剧、上党戏、湘剧、川剧、赣剧、桂剧、邕剧、越剧和广东粤剧、闽剧、婺剧、滇剧等等，都受到过昆剧艺术多方面的哺育和滋养。2001年，昆曲被联合国教科文组织列为"人类口述和非物质遗产代表作"，2006年昆曲被列入第一批国家级非物质文化遗产名录。

　　元代后期，南戏流经江苏昆山一带，与当地语音和音乐相结合，经昆山音乐家顾坚的歌唱和改进，获得了极大发展。明万历年间（1573—1620）出现大批作家和作品，并以苏州为中心向长江南北广泛传播。明嘉靖十年至二十年间，居住在太仓的魏良辅总结北曲演唱的艺术成就，吸取海盐、弋阳等腔的长处，对昆腔加以改革，总结出一系列唱曲理论，从而建立了委婉细腻、流利悠远，号称"水磨调"的昆腔歌唱体系。

　　从明天启初到清康熙末，是昆曲蓬勃兴盛的时期。剧作家的新作品不断出现，表演艺术日趋成熟，行当分工越来越细致。从演出形式看，由演出全本传奇变为演出折子戏。折子戏的演出既删除了软散的场子，又选出剧中的一些精彩的段落加以充实、丰富，使之成为可以独立演出的短剧。

　　因此，我们可以这样概括中国戏曲的发展：起源于原始社会，发展于宋代，成熟于元代，经明清两代的再发展，形成了雅俗共赏的中国戏曲百花苑。

二、我们要明确戏曲是多种文化艺术的融合

中国戏曲是将文学、音乐、舞蹈、美术、武术、杂技和表演等多种艺术形式，以一种标准聚合起来的综合艺术。一是戏曲剧本具有很高的文学价值，这是指有专人取材民间故事或者文学作品，改编成戏曲故事和戏文，这本身就是一次文学的再创作，具有文学特点；戏曲中独有的唱词，也是以文学形式体现，既要文采飞扬，又要通俗易懂，是对唐诗、宋词、元曲等字调、韵律优点的文学集成。二是戏曲音乐丰富多彩，包括演员的唱腔和乐器的伴奏，唱腔根据剧情和剧种的不同有多种声乐形式的体现，伴奏是琴子、弦子、梆子、笛子、锣鼓多种乐器的组合。三是戏曲表演具有综合性，戏曲的角色分为生、旦、净、末、丑，演员的基本功有唱、念、做、打，是集合表演、舞蹈、武术、杂技的综合艺术。

三、我们要了解为什么京剧会被称为"国粹"

京剧形成于清代，是对元明戏曲的继承和发扬。1790年乾隆皇帝八十大寿时，来自各地的戏曲班子进京祝寿，其中来自安徽的戏曲最受乾隆喜爱，随后一年内几十个安徽戏班来到北京，这就是著名的"徽班进京"。之后，以余三胜、张二奎、程长庚为代表的戏曲表演艺术家，在表演过程中不断探索加工，吸收昆腔、京腔等杂调，形成了以西皮、二黄为主的多声腔和谐体系，在唱白中把地方音和北京字音融合以满足观众需求，并与来自湖北的汉调艺人搭班唱戏实现徽、汉合流，在北京城几乎占据了所有的演出场所。同治到光绪年间涌现出来13位观众喜爱的艺术家并称"同光十三绝"，开创了京剧各行当流光溢彩的流派艺术。同时，京剧艺术家们在不断演出的过程中，对传统剧目加以创新，对表演艺术精雕细琢，让京剧保持持久的生命力。比如京剧"四大名旦"中的梅兰芳，创造出了"衔杯下腰""卧鱼闻花""醉步扇舞"等高难度动作，使得京剧艺术更加深入人心。因此，京剧在不断的考究、扬弃、精炼、改创中发展，通过代代相传成为雅俗共赏的"国粹"。

总之，中国戏曲来自社会民众的生活，反映着社会民众的生活，是人民生活的写照，同时又以雅俗共赏的艺术形式浸润着中国人的性情，是中国人情感世界和善恶观念的高度浓缩，必将历久弥新、长盛不衰。

【故事悦读】

李宝櫆教戏育人

无论京、津、沪、宁，还是东北一带，都知道京剧名家李宝櫆先生是位梨园界多才多艺的奇才。

1982年春，江苏省戏校多次来南通特聘李老去戏校任教，南通市文化局从大局出发而同意。李老先到各地招生，接着到校执教。李老教唱戏，先讲所教戏的时代背景、剧情简介、该角色其时之心态；接着谈如何唱，为什么要这样唱，使学生不仅知其然，而且能知其所以然。这样学生唱时就能以情带声，做到声情并茂，所塑造的角色，演出时能栩栩如生、逼真感人。

李老在教戏时，尤其注重戏德教育。他编了许多有关格言告诫学生，他认为"戏是一棵菜，合拢才可爱"。角色不分大小，都要入戏。"配戏不瘟不火，不搅不抢不拖，见机生情灵活，做到珠联璧合。"

当年他配唐韵笙在上海天蟾舞台演出连台本戏《十二金钱镖》，

二人对唱"二黄散板"。唐韵笙使了个"苦姜丝"的拖腔,博得当场四千多位观众齐声喝彩。李老紧接着也使了个"苦姜丝",同样掌声四起。真是"斗"煞台上演员,喜煞台下观众。是的,李老在台上时时处处想着主角。主角嗓门儿脆,他就"冒上";主角嗓子"毛了",他就"悠着",决不喧宾夺主,尽量把观众的注意力引到主角身上。

　　李老教戏育人有方。他和其他老师一道,花了近三年时间,便使这批学生脱颖而出。他将濒临失传的《太白醉写》《双投唐》《女斩子》等传统剧目亲授给学生。后这批娃娃到上海天蟾舞台公演,连日满座,十分火爆,广大观众赞叹不已:原来是李宝櫆先生教出来的学生,名师出高徒嘛!

第二十二讲

移风化俗唱雅音

上节课我们讲了戏曲的种类、由来,明确了戏曲来源于生活,再以艺术的手段加工来表现社会生活。那么,作为一种文化,中国戏曲在中国人的生活中又发挥了什么样的作用呢?

一、戏曲是我国劳动人民汲取精神食粮的重要手段

明代著名戏剧家徐渭曾说过,中国的戏曲是"安于浅近"的,所谓"浅"就是明朗、畅达、通俗、易懂;所谓"近"就是贴近生活、贴近人的感情、贴近人的美学趣味,为大众所喜闻乐见。这就是说,戏曲通过塑造人物来传递英雄事迹和文化观念,戏曲舞台上展现出的人生百态就是社会生活的缩影。有一个传统的戏曲剧目《状元与乞丐》,很多剧种都在演,说的是兄弟两人同一天各生一个儿子,他们的舅舅给两个孩子算命,说弟弟的儿子文龙是"乞丐命",大哥的儿子文凤是"状元命"。大哥夫妇信以为真,百般溺爱,结果文凤渐入歧途堕落为盗贼;而弟弟的妻子柳氏忍受着兄嫂欺凌、丈夫远走的困境,含辛茹苦,严以教子,培养文龙发愤读书,最后考中状元。这里传递的文化观念就是人的命运要靠自己的努力,掌握在自己手里,是"我命由己不由天"

的。诸如这样的道理大都体现在文化典籍里面，而在古代，绝大多数劳动群众是没有享受教育的权利和条件的，让他们通过文化典籍去接受理论形态或雅致品格的高层次文化，显然是有困难的。正是有了戏曲这种雅俗共赏的文化存在，在中国历史上广大人民群众才有了获取知识、学习历史、接受道德伦理教化的途径。人们在戏曲中认识关羽、曹操、包青天，了解忠臣、孝子、负心汉等，即使是目不识丁的人，通过戏曲的熏陶也能分辨善恶忠奸。所以，戏曲是劳动人民的精神园地，是中华文化中具有最广泛群众基础和受众群体的艺术形式，影响着人民的情感、品德、思想、风俗，维系着中华民族的认同与和谐。

二、戏曲通过演绎颂善抑恶的故事陶冶民众美德

具体体现为：一是中国戏曲的地域性、多样性，折射着中华文化多元一体的文明根源，丰富多彩的地方戏曲展示出了中华文化和中国艺术的多姿多彩，满足着人们多样而丰富的文化需求，呈现着戏曲园圃百花齐放、春色满园的精神文明景观，也是人类文化中独一无二的风景。例如西北地区地域辽阔，磅礴的雪山、苍茫的戈壁，造就了西北人热情洒脱的性格，因此流行于西北一带的秦腔就折射出西北的地域特色，音调激越高亢，长于表现悲壮激昂的情感。

二是戏曲里演绎的故事和塑造的人物，把中华民族勤劳勇敢、诚实善良、忠孝节义等崇高精神和美好品德，活生生地样板化，展示在各阶层人民的眼前，千百年来代代传承，引导提高广大群众的整体文化认识。

三是戏曲故事中普遍存在的人生境遇，塑造了典型化的情感世界，特别是那些体现突破封建教条的悲欢离合故事，更是能够引导人民移风化俗，追求自由和真善美。比如《梁山伯与祝英台》里，"十八相送"体现着男女青年向往爱情自由的情感观念，"梁

祝殉情"控诉了给人带来悲惨命运的封建礼教,"化蝶成双"则是人们渴望冲破"父母之命、媒妁之言"教条的社会呐喊。

四是戏曲舞台也是中国艺术家的摇篮,众多的戏曲艺术家传承戏曲中蕴含的中华美德,一身正气,彪炳历史。比如,京剧大师梅兰芳,1942年日本攻陷香港后,日本人对他百般拉拢,日伪特务每天都登门对他威逼利诱,可梅兰芳都坚决回绝,不为日本人演出。后来日本人冻结了他在香港的全部存款,他便离开香港来到上海卖画谋生,市民受他爱国志气感染奔走相告,纷纷购买帮他渡过了生活难关。为了答谢大家的支持,他想办一次免费画展,当大家按公告时间来观展时,却看到他正在和妻子拿着剪刀剪画,这是因为此前预展的时候,日伪特务混了进来,在一些展画上贴了标签:汪主席订购、冈村宁次长官订购……梅兰芳看到了这一幕,悲愤无比,当场决定毁画。一直到抗日战争胜利,梅兰芳蓄须明志,不为日本人演出,以实际行动支援着抗日战争。

三、戏曲脸谱以直观的形式引导人们的人生价值观

脸谱是中国戏曲的一大特点,属于舞台上的造型艺术,按照相应文本对人物的描述,用相应的色彩和线条勾画出人物的面部图案,随着不断的发展,脸谱样式固定下来成为相应人物典型性格气质的体现,标志着戏曲人物的面貌、性格、年龄和身份特点。比如,关羽的红脸代表忠勇正义,张飞的黑脸代表直爽鲁莽,曹操的白脸代表阴险狡诈,窦尔敦的蓝脸代表骁勇刚强,等等。早些年有一首戏歌《说唱脸谱》,里面就唱到了很多脸谱背后的人物形象。在戏曲舞台上,只要人物一登场,人们便能够通过脸谱了解人物的性格特点和其代表的忠奸善恶。随着戏曲文化的不断传承,脸谱就成为中国人善恶观念的具体体现,承载着中国人扬善去恶精神追求的价值观念。

图 4-22-1 · 戏曲脸谱

【拓展链接】

  结合学校教育实际,强化中华优秀传统文化特别是戏曲内容的教育教学。大力推动戏曲进校园,支持戏曲艺术表演团体到各级各类学校演出,鼓励大中小学生走进剧场。大中小学应采取多种形式,争取每年让学生免费欣赏到一场优秀的戏曲演出。向中小学生推荐优秀戏曲。严把到学校演出和向学生推荐的戏曲剧目的内容质量关。鼓励学校建设戏曲社团和兴趣小组,鼓励中小学与本地戏曲艺术表演团体合作开展校园戏曲普及活动。鼓励中小学特聘校外戏曲专家和非物质文化遗产传承人担任学校兼职艺术教师。

(摘选自国务院办公厅《关于支持戏曲传承发展若干政策的通知》)

  同时,戏曲在我国人民文化生活和审美实践中也具有巨大的美学影响力。戏曲中有中国文学的博大精深,有中国音乐的声律神韵,有中国舞蹈的动作姿态,有中国美术的意象图式。欣赏戏曲是中国人民千百年来流传的审美风尚,中国人民的美学趣味、美学爱好、审美习惯都凝聚和浓缩在戏曲的创造和欣赏中。

因此，中国戏曲凭借固有的雅俗共赏性质，发挥着特有的社会价值，丰富了中国人的情感世界，是传承中华文化和民族精神的重要载体。

【故事悦读】

小凤仙：梨园女性的凄美标签

中国人向来不缺才子佳人的唯美凄恋，中国发展向来就有孱弱女性的奉献。民族大义、家国大义，向来是中国人推崇的传统的理想化品格和人格魅力。当我们一次次为那些正史留名的伟大女性讴歌传唱的时候，也许更应该把飞扬的思绪投向一些不知名的角落，倾听一下那些曾经因私爱无意间书写的贡献民族大爱的风尘名伶们幽怨的悲鸣。她们中，更多的是身居社会底层，但却交际于社会上层；她们缘于脱离了居于大多数的底层民众的生活，很少自食其力，逢场作戏般地过着纸醉金迷的生活，而被大多数人所不齿。也正是这个原因，她们尽管奉献出了自己全部的真情，也只能成为社会进步中的陪衬，成为被后人忽略不计地作出了贡献的人。

小凤仙就是其中之一。她自幼聪颖，识文断字，会拉二胡，会弹琵琶，会唱京剧，会写歌词，很快便以"色艺俱佳"脱颖成名于上海，走红于北平。当她遇见了蔡锷，她的人生改变了。蔡锷曾经被称为"士官三杰"，他青年时"流血救民吾辈事，千秋肝胆自轮菌"的满腔抱负，指引他在短暂的一生中，注意辨别政治风云，顺应历史潮流，投身革命运动，发动"重九起义"，特别是发起"讨袁护国运动"，力阻民族革命倒退，成为那个"山河破碎、国力孱弱、民族危机"时期的一代护国英豪。然而，护国英雄魂飘九州后,那个深爱将军的小凤仙却只能成为人们传说中的人物,其中的褒贬不一也都与民族大义无关,就像浩渺尘世中的一曲美女英雄曲,任由他人弹奏。

"九万里南天鹏翼,直上扶摇,怜他忧患余生,萍水相逢成一梦;十八载北地胭脂,自悲沦落,赢得英雄知己,桃花颜色亦千秋。"据说,这是小凤仙为英年早逝的蔡锷所作的挽联,深刻地表达了小凤仙与蔡锷虽是今世知音,却只能来生续缘的内敛的厚爱深悲。在小凤仙与蔡锷的传奇恋情中,我更相信蔡锷对小凤仙爱的无奈,和小凤仙对蔡锷爱的无悔。那个叫袁世凯的并不是庸才笨蛋。他因为有了小站练兵的厚积,成就了后来只有他能统率段祺瑞、冯国璋等北洋新军阀的薄发;他因为有了周旋于各派间的反复无常,造就了后来只任人唯亲却不敢放手用才的举棋不定。蔡锷主政云南时所表现出来的才干和锐气,让袁世凯由敬而畏,"只可用,不可信;只可相敬,不可与谋;可以共事一时,却不可能长久同路"的戒心一朝形成,造就了蔡锷奉调入京虽贵为"始威将军",实际却无兵无权,犹如匣中之剑,无法展锋示利。也许蔡锷最初出入八大胡同、沉迷云吉班只是为了麻痹袁世凯,让其对自己解除戒心,以图在袁世凯重重监视下挣脱束缚寻求"天高任鸟飞"的良机,但"蛾眉颦笑、曼声清唱"的低靡风月却掩饰不住小凤仙的超凡脱俗。她的玉容花姿、兰心蕙质、色艺双绝,宛如少有雕饰的清水芙蓉,浅笑微颦中绽放着罕见的惊世豪情,让蔡锷也不免有古路无行客、寒山独见君的感觉。

"自古佳人多颖悟,从来侠女出风尘。"蔡锷为小凤仙作的一副楹联,无意间流露了他内心那浓浓的爱意,也为小凤仙后来的悲苦埋下了伏笔。就这样,小凤仙把自己全部的爱情付诸了这位肩负"为四万万同胞争人格"的儒雅将军。而将军崇尚忠孝、师承梁谭、妻贤情浓,虽偶尔显露对这一风尘奇女子的真情实爱,但最终还是选择了对爱情的掩埋。而小凤仙也无形中步入了至爱一人、无悔其行的无数风尘女子的后尘。在那个万籁俱寂的夜晚，蔡锷与小凤仙围坐圆桌，共对银钩，把酒言欢，将自己挣脱樊笼、金蝉脱壳的计划和盘托出，也许此时彼此都有生死相依、荣辱与共的意愿，蔡锷还是说出了"戎马关山，千难万险，我无暇顾及其他，你还是留在京城较为安稳。待到功成之日，我一定与你会合"！面对莫测迷幻的纷乱时局，小凤仙对蔡锷无怨无悔的爱情，掩盖起钻心镂骨的离别之痛，虽然明知幸福即将从身边溜走，明知将军一去或成生死诀别，她还是把酒饯行，让这短暂的幸福时刻在自己的内心定格成一片永久的心田，期待这逃逸的幸福会在不久的将来得到弥补。蔡锷成就了自己的悲情壮举，却因疾病早逝，未能兑现对小凤仙的诺言，就连后人也只把小凤仙当作一个传说。

那一夜微弱的烛光，成了小凤仙心头一盏不灭的青灯，在"高山流水韵依依"的轻吟中，在"将军拔剑南天起"的重要时刻，甘做绕旗长风无悔地弹奏着千古难觅的"知音"情曲。

知识测试（十一）

1. 与中国戏曲并列为世界三大古老戏剧文化的是印度梵剧和（　　）
   A. 意大利歌剧　　B. 埃及神剧　　C. 希腊悲剧　　D. 法国歌剧
2. 我国五大戏曲剧种是京剧、越剧、豫剧、黄梅戏和（　　）
   A. 川剧　　B. 昆曲　　C. 越调　　D. 评剧
3. 中国戏曲真正成熟于（　　）
   A. 唐朝　　B. 宋朝　　C. 元朝　　D. 明朝
4. "六月飞雪"的故事出自哪部戏曲？（　　）
   A.《窦娥冤》　　B.《孟姜女》　　C.《桃花扇》　　D.《杜十娘》
5. 戏曲将众多艺术形式以一种标准聚合在一起，其基础是（　　）
   A. 文学　　B. 音乐　　C. 美术　　D. 武术
6. 传统戏曲《牡丹亭》的创作者是（　　）
   A. 关汉卿　　B. 汤显祖　　C. 徐渭　　D. 马致远
7. "同光十三绝"是指晚清时期的13位著名戏曲表演艺术家，他们唱的剧种是（　　）
   A. 昆曲　　B. 越剧　　C. 川剧　　D. 京剧
8. "徽班进京"是各地戏曲班子进北京为哪位皇帝祝寿？（　　）
   A. 康熙　　B. 雍正　　C. 乾隆　　D. 嘉庆
9. 脸面画彩图的花脸角色是京剧里的哪个行当？（　　）
   A. 生　　B. 旦　　C. 净　　D. 丑
10. 京剧脸谱标志着人物的典型性格和气质品行，象征忠勇正义的是（　　）
    A. 黑脸　　B. 红脸　　C. 白脸　　D. 黄脸

第二十三讲
书道自然

书法在中华传统文化中,是一种艺术文化,它以篆、隶、楷、行、草等不同的书体展现汉字的独特魅力,在章法上兼容书写者对天地万物形意的理解,在意境中承载书写者的道德修养、审美意识、精神气质,在世界范围内是独一无二的。具体而言,我们从三个方面来看:

一、从产生的基础看,书法是对汉字来源于自然的艺术体现

当代著名学者余光中曾这样表述汉字的魅力:"中华文化就是一个很大的圈,圆心无处不在,圆周无迹可寻,中文就是它的半径,中文走得越远,圆就越大。"这里体现的就是汉文字的独特魅力。传说中,黄帝时期的史官仓颉,从"羊马蹄印"中受到启发,仰观天文,俯瞰地理,苦思冥想,最早创造了文字,结束了原始时期"结绳记事"的不方便。而东汉时期许慎的《说文解字》则第一次系统地分析考究了汉字之源,提到了六种造字方法,都体现着造字过程中中国人对自然的认识。象形,承载着华夏先人依照物体的外貌特征描绘日、月、山、水等自然现象,并加以改造利用的聪明才智;指事,承载着华夏先人用象形的符号表现

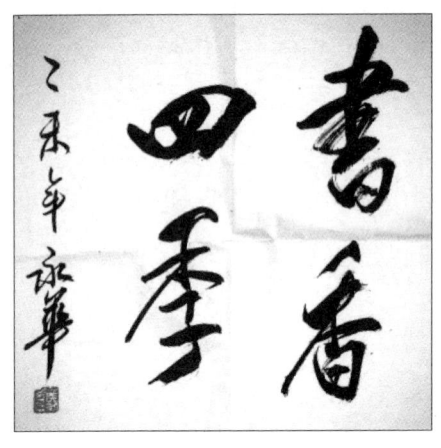

图4-23-1·书香四季（书法）

抽象事情的与时俱进；形声，承载着华夏先人变化万千中追求风趣神韵的浪漫情怀；会意，承载着华夏先人善于把不同的事物巧妙组合在一起的博大包容；转注，承载着华夏先人善于用不同事物间的相互关联，驾驭万事万物的和谐理念；假借，承载着华夏先人善于发现新事物表达新事物的创新传承。

【拓展链接】

中国字是中国文化传承的标志。殷墟甲骨文距离现在三千多年，三千多年来，汉字结构没有变，这种传承是真正的中华基因。书法课必须坚持。

（摘选自习近平到北京市海淀区民族小学看望少年儿童时的讲话）

有了文字之后，经历了很长一段把字刻在兽骨、竹简、青铜器上用来记事的时间，直到战国时期发明了用兽毛做成的毛笔，开始了蘸着墨书写汉字，然后就有了多种汉字书写方法的书法。

因此，从其发展本源上讲，书法就是书写汉字时的不同方法，书法最早是作为一种记录汉字的生活工具，本身没有艺术性，只有实用价值。随着人们书写水平的提高，书写者结合造字六法蕴含的自然规律，增加书写手法上的审美会意，通过整体章法的布局安排、单字点画的结合设计和用笔线条的虚实映衬，不经意间就留下了充满自然美的书法艺术。据说，晋代书法家王羲之当年和众多文坛大家相聚兰亭，举办笔友聚会，轮到谁喝酒就先要赋诗一首，当大家各自诗成便推王羲之作《兰亭集序》并当场写下来，他乘几分酒力，一气呵成，特别是文中的"之"字，竟有二十多种变化，随文生形，绝不重复。王羲之酒醒之后，多次重写均达不到当时的效果。正是王羲之酒后的率性自然之举，成就了无心之妙，为世人留下了潜可通神的"天下第一行书"。

二、从发展的过程看，书法见证着中华民族不断改造自然的历史进程

书法大体经历了萌芽、成熟、繁荣、传承四个阶段。

一是从殷商后期到秦始皇统一天下之前的萌芽期。这一时期主要是甲骨文和金文，也就是刻在龟甲兽骨上的文字和青铜器皿上铸造的文字，而且殷商时代的甲骨文也是我国目前发现的最早文字，甲骨文发现地河南省安阳市专门建有中国文字博物馆。这时的文字只是处于初生期，主要的作用是提高中华先民生产生活中的记事效率。在字形上，甲骨文、金文与现代文字虽然存在着很大的差异，但在往龟甲兽骨上刻制或青铜器上铸造的时候，已经开始讲究线条美、造型美、对称美，从现代的书法角度看，这就是用笔、结字、章法三要素。同时，人们在刻制铸造过程中为了让字体更加美观，或与龟甲兽骨的自身形状协调搭配，或在文字线条上添加图案，或将繁杂的笔画简化，总体加快了汉字由繁到简的进程。因此，从历史发展角度看，甲骨文见证着中华先民从生存上受制于凶猛野兽到降伏兽类的改造自然能力的提高,金文见证着中国青铜器制造水平的提高。

二是从秦汉到魏晋南北朝的发展成熟期。这一时期先是秦始皇将战国各种文字统一为小篆,到西汉时经历了小篆、隶书、楷书、行书、草书等多种字体的完备定型,字形点画上也由原来只有粗细变化,发展为有了撇、捺、折等多种变化。加上人文思想的发展,书法中开始体现了中国人追求人与自然的和谐意象之美,书法家们也更加追求长期执着苦练以求作品完美的"匠心精神"。例如晋代书法家王献之,从小在书法上悟性很高,一次他将自己苦练了几年的作品拿给父亲王羲之看,只有一个"大"字被父亲认可,并在字下面点了一点作为标记。王献之觉得父亲是当世"书圣"要求太高,便拿给母亲看,想要得到几句夸奖,结果母亲看后说"大"字下面那一点与他父亲不差上下。王献之很羞愧,从此更加苦练书法,写完了十八缸水,在书法成就上与父亲王羲之被后人并称为"二王",成为中国书法史上的"双璧"。

三是唐宋的繁荣期。书法在书写内容上更加丰富,诗词歌赋可以在纸张、碑刻、墙壁、折扇等多种载体上用书法体现,各书法家开始追求同字体的多样化发展,把书法与个人思想上崇尚自由奔放的自然美观点融合,创造出了多种风格的书体。唐朝有个和尚叫怀素,书法以草书闻名,有"草圣"之称。他在寺内练字的时候没有纸,便就地取材,用附近种植的芭蕉树的叶子练字,竟然不知不觉把几千棵芭蕉的叶子全部用完。后来怀素草书经常一气呵成、奔放流畅,与他练字时驾驭芭蕉叶光滑性能养成的快速落笔习惯有极大的关系。因此,伴随着唐宋经济生活和诗词文化的空前繁荣,中国书法也迎来了空前繁荣。

四是唐宋及以后的传承期。这主要是唐、宋、元、明、清之间,后人对前人书法进行总结,在书法传承上结合个人的出身、地位、兴趣、喜好，有选择地对名家名帖或碑文石刻进行继承和改进，又涌现出了一大批书法名家，推动着中国书法的继续发展。

【拓展链接】

甲骨文，是中国的一种古老文字，主要指中国商朝晚期王室用于占卜记事而在龟甲或兽骨上锲刻的文字，是中国及东亚已知最早的成体系的商代文字的一种载体。

最早被河南安阳小屯村的村民们发现，当时他们还不知道这是古代的遗物，只当作包治百病的药材"龙骨"使用，把许多刻着甲骨文的龟甲兽骨磨成粉末，浪费了许多极为有价值的文物。后来，晚清官员、金石学家王懿荣于光绪二十五年（1899年）治病时从来自河南安阳的甲骨上发现了甲骨文所在地。百余年来，当地通过考古发掘及其他途径出土的甲骨已超过154600块。此外，在河南、陕西其他地区也有甲骨文出现，年代从商晚期（约公元前1300年）延续到春秋。

甲骨文，具有对称、稳定的格局。具备书法的三个要素，即用笔、结字、章法。从字体的数量和结构方式来看，甲骨文已经是有较严密系统的文字了。汉字的"六书"原则，在甲骨文中都有所体现。但是原始图画文字的痕迹还是比较明显，象形意义也比较明显。

2017年11月24日，甲骨文顺利通过联合国教科文组织世界记忆工程国际咨询委员会的评审，成功入选世界记忆名录。

三、从使用的工具看，书法是以顺其自然为根本的技法

书法的工具主要有毛笔、墨、宣纸三种。在用笔上，书法讲究掌握笔性，根据笔毫的弹性和笔锋的长短，要使用不同的笔法，这样才能写出粗、细、方、圆等不同形状和质感的点画；在用墨上，

讲究根据书写内容的思想内涵或字数多少的不同，要有浓淡的结合或变化，以体现书写者对内容的理解和书写时的心情；书法宣纸，吸水量大，渗墨性强，行笔书写过程中要把笔性、墨性与纸张的性能结合好，通过综合驾驭，既敏感地记录下书写的速度，又展现出书写过程的节奏感。用古人话讲，"润似春草，枯如秋藤"，就是说，有的字清淡渲润的变化，如春草凄迷，饱含生命的玄机；有的字干裂枯涩有飞白，如千古老藤，苍劲老辣，这在古人的习字传承中体现得非常充分。唐代大书法家颜真卿，在书法大成前曾拜师草书名家张旭，希望在名师指点下很快学到写字笔法的诀窍；但一连几个月，张旭要么给他介绍名家名帖的特点，要么带他爬山、游玩、赶集、看戏，要么让他看自己写字，绝口不提写字的诀窍，颜真卿忍不住直接向老师发问，请教写字秘诀，张旭告诉他，学习书法一要勤加练习，二要从自然万物和社会生活中得到启发，除此之外没有什么行笔落墨的窍门。在张旭的启发下，颜真卿潜心苦练书法，从生活中领悟运笔神韵，最终成为书法史上的"楷书四大名家"之首。可见，书法能够充分利用笔墨纸张的特点，通过枯湿浓淡和轻重变化，去表现自然万物丰富性和随意性的生命意志，这是世界上其他文字望尘莫及的。

因此，我们学习中国书法文化，最主要的是学习书法中体现的尊重自然法则规律的道理，和其对后人产生的影响，也就是书写者要有"书道自然"的观念。

【故事悦读】

王铎：神笔是这样练成的

王铎，祖居洛阳孟津，故又称其王孟津。他在书画上造诣高深，独树一帜，是明清之际著名的书法家。其故居位于洛阳市孟津区会盟镇老城村，由2646平方米的故居和占地80亩的后花园两部分组成。这里流传着王铎勤练书法的传说。

王铎自幼勤奋好学。为学书法、绘画，他无帖不临，用坏的笔堆成堆，洗砚台的水积成潭，笔杆把他的手指磨起层层厚茧。家里人怕他熬坏了身子，劝他休息，他虽然嘴里答应，但总是身不离案，手不停笔。"功夫不负有心人"，他在未登仕途之前，在书法、绘画方面已有很深的造诣。亲戚、朋友、街坊邻里，都夸他是灵童转世、"马良再生"。在一片夸奖声中，王铎不禁沾沾自喜起来，慢慢地就忘记了勤奋，懈怠了学业。

一年三月三那天，孟津城大会，王铎吃罢早饭，就想到会上游逛。一出大门，就见一大群人围着两个卖烙馍的老太婆看热闹，他便凑了过去。这两个老太婆相背而坐，一个擀馍一个烙馍，擀馍的把馍擀好，用小擀杖一挑，向背后一撂，正好撂在烙馍人前边的热鏊子上，不歪不斜；烙子把馍烙好，用翻馍劈儿一挑，向背后一撂，正好撂在擀馍人前边的馍筛子上，整整齐齐。王铎看得出了神，入了迷，一直看到晌午以后家人来找，才恋恋不舍地回去了。看了两个老太婆烙馍之后，王铎心里一直不能平静，他翻来覆去地想："我虽然在书法、绘画方面打了些底子，但要像卖烙馍的老太婆那样得心应手，还得再下一番苦功。"于是，他又勤学苦练起来。以后，他的字写得更好，画画得更奇，名望也更高了。

进京当官之后有一年，当朝皇上看到举国上下风调雨顺、五谷丰登，又听到臣民们称颂他皇恩浩荡，就一时心血来潮，要在金銮殿上加一块"天下太平"的金匾，以记这段太平盛世。这块匾由谁来写？朝臣们议论再三，最后一致推举王铎。王铎奉诏来到金銮殿，被内侍臣引到那块匾前。他摅起斗笔，一挥而就。不知是他疏忽，还是故弄玄虚，竟把"天下太平"写成了"天下大平"。皇上闻听金匾挂了起来，便带领满朝文武前来观看。开始，他一直夸奖王铎的字写得好。当他发现"太"字少写了一点时,脸上马上露出不悦之色,在场的文武大臣、工匠都为王铎捏了一把汗。只见王铎从从容容地拿起斗笔,蘸好金粉,站在匾底下,搭手一掷,那支笔便从他手中腾空而起,"嗖"的一声,飞向金匾,笔锋所触之处,不偏不倚,与上边那个"大"字浑然一体,不露丝毫破绽。众大臣看了,不约而同发出一阵赞叹声。皇上看了王铎的这一绝招儿,顿时龙颜大悦,忙离开御案,来到王铎面前,翘起大拇指夸奖道:"爱卿,你果然是'神笔王铎'呀!"

第二十四讲

书法可华身

书法作为一种传统文化,其自身通过汉字的汇聚传承着语言文化,又通过汉字点画的结合呈现出极具美感的结构形体,同时在创作中融入个人的真情实感和生活领悟,是在中国延续数千年仍历久弥新的、中国人精神生活中不可或缺的艺术存在,也是中国人锻炼自身气质和陶冶情操的直接方式。在当今社会生活中,我们常常会因为某个人能够写出一手好字,对他有非常好的第一印象,认为他具有一定的文化修养和精神气质。那么,在我国为什么会有这样的传统呢?

一、书法发展成为文化艺术,源自其实用价值衍生出的无时不在、无处不在的大众化市场

书法是有了文字之后在写字记事基础上形成的书写文字的技法,最初是人的一种基础生活工具,中国人日常生活中诸如写信、记账、教育子女等,都少不了与写字打交道。随着文化的繁荣和书法艺术的发展,书法更是成为古人入仕做官、飞黄腾达的必备基本功,一是入仕前的层层科举应试成绩会受写字能力的影响,二是入仕后写奏折、向吏部述职如不注重书法的修养很可能影响升迁,这两方面都会因为书法让一个人的寒窗苦读变为白费。所以,古人从小就与写毛笔字打交道,在历经几千年的时光里,无论是达官贵人,还是平民庶子,写字是每个人一生的必修课,举国上下大多都能提得起笔、写得了字。有了这样大众化的基础,书法就由繁杂生涩的竹刻、碑刻,演变成了简化轻盈的笔法,水到渠成地成为一种文化艺术,并且承载着人们大众化的朴实思想和无功利情怀。例如,有着"书圣"之称的王羲之,是东晋时期的王公贵族,因曾任"右将军"之职,当时人们又称他为"王右军"。他曾经在集市上遇到一个卖竹扇的老婆婆,因为扇子做得简陋卖不出去非常着急,王羲之便在竹扇上题了字想帮她及早把扇子卖出去,尽管王羲之无论官职上还是书法上在当时上流社会声名远播,但长期生活民间且目不识丁的老婆婆并没有听说过他,加上王羲之的字龙飞凤舞她看不懂,老婆婆还有点不乐意。王羲之告诉她叫卖的时候,就说字是王右军写的保证能卖完,结果老婆婆的扇子很快就被抢购一空。这就是书法家心忧百姓、为国为民最朴素的无功利情怀的体现。

【拓展链接】

晋王羲之,字逸少,旷子也,七岁善书。十二见前代笔说于父枕中,窃而读之。父曰:"尔何来窃吾所秘?"羲之笑而不答。母曰:"尔看用笔法?"父见其小,恐不能秘之,曰:"待尔成人,吾授也。"羲之拜请:"今而用之。使待成人,恐蔽儿之幼令也。"父喜,遂与之。不盈期月,书便大进。

卫夫人见,语太常王策曰:"此儿必见用笔诀,近见其书,便有老成之智。"流涕曰:"此子必蔽吾名!"

晋帝时,祭北郊,更祝版,工人削之,笔入木三分。

(摘选自唐代张怀瓘《书断·王羲之》)

[译文]晋朝王羲之,字号逸少,王旷的儿子。七岁就擅长书法,十二岁在父亲的枕下发现前代人谈论书法的书《笔说》,便偷来读。父亲问:"你为什么要偷我的秘籍?"王羲之笑着却不回答。母亲问:"你看的是用笔法吗?"父亲看他年少,恐怕不能领悟,告诉羲之说:"等你长大成人,我再教你书法。"羲之跪了下来说:"现在就让儿看看这书吧。长大再看,就耽误孩儿幼年发展了。"父亲很高兴,立刻把书给了他。还不到一个月时间,书法就有了很大进步。

卫夫人知道后,告诉太常王策说:"这孩子一定看过用笔诀窍,最近看见他的书法,就已老成大器。"(王策)流着眼泪说:"这孩子将来名声一定能超过我。"

晋帝时,朝廷在北郊举行祭祀大典,更换祝版时,工人削去他的字,渗入木板三分。

二、书法作为一种艺术,是书写者的心境写照和心力凝结,是个人情怀的直观表达和真实流露

西汉文学家扬雄有句话:"书,心画也。"就是说书法是人的心理描绘,是以线条来表达和抒发书写者情感和心绪变化的。在中国的书法发展传承中,书法家有的是诗书并举,出口成章,提笔成书,让文学造诣和书法技艺相映成趣,浑然天成;有的忧思民生,把心中理想幻化于笔端纸上,字里行间传达精神气韵,独一无二;有的虽为一介布衣,淡泊名利,把万千情愫融入作品,自然流畅,曼妙无比。这也让中国自古就有了"字如其人"的观点,就是指人与字融合在一起,看字就能够知道人的性情和书写时的心情。唐代书法家颜真卿是一位忠正耿直的朝廷大臣,曾任监察御史,相当于现在的最高检察院检察长,因为得罪奸臣杨国忠被

贬到河北任平原太守。"安史之乱"爆发后,当时河北的很多地方官员纷纷望风投降,只有颜真卿驻守的平原郡和他哥哥颜杲卿驻守的常山郡奋力抵抗。战争中颜杲卿因为孤立无援战败被俘,安禄山想利用当时颜家的声望巩固自己的统治,就对颜杲卿百般诱降,用其子颜季明的性命作为条件,历经多日,颜杲卿始终不降,安禄山气急之下杀害了其全家三十余口。当时已经50岁的颜真卿听到这个消息后极度悲愤,既为兄长满门惨死而痛,又因叛军的凶狠残暴而恨,也因当时朝廷上下大都像常山周边守将麻木不仁而悲,更为国家动乱陷入深重灾难的老百姓而忧,奋笔疾书写下了一篇《祭侄季明文》。书写的时候因情绪难以平静,通篇错处、涂抹处很多,有的字是在笔已经无墨的情况下硬生生勾的字形,加上词句的情真意切,颜真卿写出了中国书法史上最动人心魄的抒情作品典范,被后世尊崇为"天下第二行书"。这类传世之作,还有很多,如岳飞抗金途中在武侯祠住宿,拜祭诸葛亮抄写的《出师表》;杜牧同情旧社会苦难女子命运写下的《张好好诗帖》;等等。由于有了大众化的基础,尽管不是人人都能成为书法家,在日常生活中遇到悲欢离合的情形,众多的普通书写者同样也会将个人的心境表现在自己的书写过程中。因此,书法是把书写者胸中蕴藏的心灵领悟,借助手中的笔发泄出来的情感写照。在中华文化中,文章的抒情言志可以凭借语言的把控去隐藏,但书法的结构与线条及墨色变化,对书写者表达的心境是无可掩饰的,进而形成了书法字体章法可临摹、意境神韵难复制的特点,这也是很多传世书法珍品成为不可超越高峰的原因。

三、作品中彰显的书写者的人格品质是书法的基础

中国自古以来就有以人为本的传统,对传统文化艺术的评价大都会受艺术家人格品质的影响,这就造就了书法的一个突出特

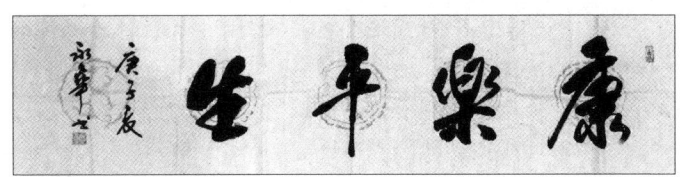

图 4-24-1 · 康乐平生（书法）

征：人的品格高尚、重气节、德行好，其书法作品就广受喜爱；反之则备受争议，甚至遭人唾弃。书法史上有个关于北宋书法"四大名家"的争议，"苏、黄、米、蔡"中苏轼、黄庭坚、米芾三人大家都认可，而"蔡"曾有两种说法：一种说法是蔡京，就是与高俅、童贯、杨戬同期的"四大奸臣"之一。宋哲宗的时候，蔡京结党诬陷司马光等人为"奸党"，搜罗一些"罪状"亲自书写成碑文，想通过刻字立碑大肆诬蔑，让民众相信司马光等人是奸臣。但当时的石匠和很多民众一样知道谁忠谁奸，因为拒绝刻碑被蔡京处死，虽然有人怕死刻了碑，但蔡京失势死后民众很快就把那块碑砸碎了。蔡京作为那个年代通过科举一步步走到当朝太师位子的风云人物，书法水平自然不会低，但人民是不会容忍一个人品极坏的人成为被后人传颂的书法家的。另一种说法是蔡襄，他为人忠直，人品极好，为官敢于直言进谏，关心百姓疾苦，为老百姓办了很多好事。

我们仔细推敲不难发现，"四大名家"以苏轼为首，黄庭坚是"苏门四学士"之一，米芾也曾在苏轼被贬黄州时向苏轼请教书画技法；蔡京仕途上晚于苏轼，早期的时候做官应该名气不大；蔡襄年长苏轼 25 岁，比苏轼成名早得多，按排序"蔡"在最后，或许指的是蔡京更为接近史实。正是因为蔡京后来成了大奸臣，"苏、黄、米、蔡"在社会上也传颂顺口了，人们便用蔡襄取代了蔡京。因此，书以人为重，书写者的品行决定着书法作品的境界高低。

四、书法对人的修养起着熏陶作用,有助于人不断提高自己内外兼修的精神气质

书法最根本的实用性价值,既包括对生活需要的承载,又包括练习书法过程中养成的细致求恒的做事态度,这也是造就书法从实用工具上升为艺术文化的重要原因。具体讲:首先,练习书法是循序渐进的过程。从技巧上讲,从一笔一画开始,到每个字的排列组合,再到充分把握整幅作品字里行间的布局关系,最终创作出兼具线条美、墨色美、章法美,融合人的观察力、领悟力、把控力的作品,需要书写者不断揣摩练习。其次,练习书法是修炼心性的过程。习字的基本要求是头要正、身要直、心要静,从而在练字中摒弃心中的浮躁,心到、眼到、手到地把握书写的轻重缓急、浓淡疏密。在书法史上专注练字的故事很多,如张芝的临池学书,王献之写完十八缸水,钟繇手指代笔划破被子,等等。这种要求,后来被引申为对书写者心性的要求,练字的过程也就成了人们修炼心性的过程。最后,书法对人的修养锻炼是全方位的,练字既是练艺又是练心,在长时间的专注练习中势必极好地磨炼个人意志,进而让人在这个过程中养成的思维成为惯性,在增加个人人文修养的基础上,反哺人对书写技艺的启发性创造,实现既陶冶个人情操、提升个人修养,又精进书艺、增强艺术自信,达到"书法华身"的功效。

总之,书法在中华文化中具有独特的历史成就,不仅是一种技法,更是反映人心境、凝结人心力、体现人心胸的艺术,在增进人优雅气质、陶冶人自我性情等方面发挥着重要的作用。在当今人工智能高速发展的时代,通过练习书法修身养性,既能调节快节奏生活状态下人的浮躁之气,也是对中华优秀传统文化的保护和传承。

【故事悦读】

马识途：练字百年拒绝"书法家"称号

马识途，男，本名马千木，1915年1月生于四川忠县（现重庆忠县），中国当代作家、诗人、书法家，与巴金、张秀熟、沙汀、艾芜并称"蜀中五老"。

据史料记载，马识途老先生5岁就开始练习书法，这么算来，他已经有百年"书龄"了，这在历代书法家中是不多见的。特别令人感动的是，马老先生在百岁时和104岁时，先后在中国现代文学馆举办过个人书法展，并将书法展两百多万元义卖所得捐赠给四川大学文学与新闻学院，设立"马识途文学奖"，奖励热爱文学、家境贫困的学子。

在马老身上，还有一个十分可贵之处，那就是做人非常低调和谦虚。每当有人尊称他是"了不起的书法家"时，他总是摇摇头、摆摆手说："我不是书法家！"他还曾说："我觉得我还不算是一个真资格的、有出色作品的、能够传下去的作家……我觉得，我没有什么终身成就，只有终身遗憾！"

谈到对书法的看法，马识途老先生说："书法的妙处在有法无法之间，必须要有章法，要有扎扎实实的基本功，习书临帖，绝不可少。"这样朴实的话语，值得练书者学习。马老先生一辈子临汉碑，主要书法成就也是隶书。有评论认为，马识途老先生的书法苍劲有力，端正庄重，高古精妙，雄浑大气，雅俗共赏，非常"接地气"。这充分说明，他练书法始终心态正，入门正，实实在在地练基本功，从不走歪门邪道，更不写乱涂乱画、怪模怪样、让人"目不识丁"的丑书。

书法是民族艺术，民族艺术的生命力就来源于大众化、平民化的淡泊情怀。书法一旦成为纯粹的艺术品，就意味着书法失去了民族的根基，就意味着失落了传统的内涵。因此，书法需要发扬光大其本源的实用价值，这样才会在大众的欣赏中绽放艺术的光芒，永远散发传统文化的芳香。

知识测试（十二）

1. 在世界范围内独一无二的中国传统文化是 （　　）
   A. 戏曲　　B. 书法　　C. 武术　　D. 诗歌

2. "天下第一行书"——《兰亭集序》是谁书写的？ （　　）
   A. 王羲之　　B. 颜真卿　　C. 苏轼　　D. 米芾

3. 我国书法书体的发展顺序，从先到后分别是 （　　）
   A. 篆书—隶书—楷书—草书—行书
   B. 篆书—楷书—隶书—草书—行书
   C. 楷书—篆书—隶书—草书—行书
   D. 篆书—隶书—楷书—行书—草书

4. 北宋书法"四大名家"是指苏轼、黄庭坚、米芾和 （　　）
   A. 赵孟頫　　B. 颜真卿　　C. 蔡襄　　D. 赵佶

5. 南北朝时期由汉代隶书向唐代楷书过渡期间形成的书法创作形式是
   （　　）
   A. 魏碑　　B. 金文　　C. 行草　　D. 大篆

6. 被称为"唐人楷书第一"的书法家是 （　　）
   A. 怀素　　B. 欧阳询　　C. 张旭　　D. 柳公权

7. 被称为"草圣"的唐代草书名家是 （　　）
   A. 怀素　　B. 欧阳询　　C. 张旭　　D. 柳公权

8. "诚悬笔谏"说的是哪位书法家的故事？ （　　）
   A. 王献之　　B. 王铎　　C. 文徵明　　D. 柳公权

9. 书法的基础是 （　　）
   A. 笔墨　　B. 汉字　　C. 纸张　　D. 线条

10. 中国书法的繁荣期是 （　　）
    A. 殷商　　B. 秦汉　　C. 魏晋南北朝至隋唐　　D. 宋元

第五章

生存智慧

第二十五讲

饮食乐生

自古以来,中国人就养成了"柴米油盐酱醋茶"开门七件事的传统,这七件事都围绕着一个"吃"字。前几年中央电视台制作了一档叫《舌尖上的中国》的节目,里面介绍了中华各地各民族各具特色的传统名吃,让全世界感受了中国人"注重吃、讲究吃"的饮食生活,这就是体现中华民族生存智慧的饮食文化。今天,我和同学们一起,从四个方面去共同了解中国人生存智慧中饮食文化的内容。

一、重视饮食是中华民族在长期的农耕社会中发展出来的生存态度

中华文明是以农耕文明为基础的,在中华文明发展的进程中,中国人首先要面对从与天灾猛兽的斗争中抢得食物,以保证生存。为了能够拥有充足的食物,从传说中的三皇五帝时期开始,中国人就学会了磨制石器以降伏野兽,学会了钻木取火以解决吃生食的问题,学会了种植五谷粮食以解决吃野果充饥的问题,学会了制陶器、制青铜器进而拥有了烹煮食物的炊具和容器,最终完成了解决饮食根本的探索。伴随着农耕文明的发展,中国人开始了通过劳动智慧发现自然规律、利用规律改造自然的农耕生活，但受天时地利、风霜雪雨等环境的影响，饮食问题始终是民众生存和社会发展的首要问题，"民以食为天"始终是中国历史上关系国家命脉的基础。在这种理念的影响下，中国人在依靠智慧发明更多更有利于解放生产力的工具的基础上，带动了生活用具丰富多样的发展，人们不断丰富饮食的制作方法，使食物不但具有良好的口感，而且有益于身体健康，中国人热爱生活、热爱生命的态度融入了饮食生活中，成为社会文明进步的一种标志。

【拓展链接】

太古之初，人吮露精，食草木实，山居则食鸟兽，衣其羽皮，近水则食鱼鳖蚌蛤，未有火化，腥臊多，害肠胃。于使（是）有圣人出，以火德王，造作钻燧出火，教人熟食，铸金作刃，民人大悦，号曰燧人。

（摘选自魏晋谯周《古史考》）

> [译文] 太古时代初期，人们吸吮露珠的精华，以草木为食，居住在山野，则以鸟兽为食，以兽皮为衣，居住于近水之处，则以鱼鳖蚌蛤为食物，这些水生之物未经火烤，腥臊之味非常大，对肠胃有害。于是有圣人出现，他因为会使用火、有德行而称王，创造出钻燧之法来引出火苗，教人制作熟食，并冶炼金属来铸造兵器刀刃，人民因此十分高兴，称他为燧人。

二、中华大地物产丰富和中华文明兼收并蓄的客观条件，推动了饮食文化的丰富多彩

中国是一个多民族的国家，就疆域而言，每一个统一的时代

图 5-25-1·钻木取火图（手绘）

都可以用"幅员辽阔"来形容，食材原料的丰富在客观上使烹饪技术具备了快速发展的条件。在经济文化繁荣的时代，如汉唐时期，由于国力强盛且与其他少数民族国家交流较多，食材引进丰富，加上社会安定、四邻友好，人们有充足的时间和条件，主动相互交流，改善饮食方式，这也成就了中国人饮食品种的丰富发展，开创了中国饮食文化突飞猛进的发展期。比如洛阳水席中的"牡丹燕菜"，据说是女皇武则天当政时期，洛阳城东下园村的农民种出了一棵所有人历年来从未见过的巨大萝卜，觉得这是有灵气的神物，便进贡到皇宫，御厨们为了把普通的食材做成美味佳肴，将萝卜切成细丝经九蒸九晒，配上山珍海味，精心烹制出了一道菜。武则天没吃出是萝卜，反而觉得犹如燕窝一样美味，便为这道菜取名"假燕菜"。后来该菜传入民间，老百姓改进烹制方法，用普通配料也做出了美味的民间"燕菜"。到了明清时期，在延续唐宋盛世食俗的基础上，又融合大江南北和满族、蒙古族等饮食特点，逐渐形成了以"八大菜系"为主、种类繁多、制作方式多样的中华特色美食。

【拓展链接】

牡丹燕菜是洛阳水席中的一道菜。1973年10月,周恩来总理陪同加拿大总理特鲁多到洛阳访问。洛阳真不同饭店李师傅在烹制洛阳燕菜的过程中,在燕菜上面特意摆了一朵用鸡蛋做成的牡丹,使其显得雍容华贵、吉祥如意。周总理见后十分高兴,随即风趣地说:"洛阳牡丹甲天下,菜中也能生出牡丹花来。"从此,洛阳燕菜又被称为"牡丹燕菜"。

即使是在魏晋南北朝中国人口大迁徙、大混杂的时代,北方汉族与南方汉族、汉族与少数民族之间,虽然是被动地进行广泛持久的接触交流,依然带来了各民族政治、经济、文化、风俗等方面的一系列变化。在这样的过程中,饮食文化在民间借鉴、吸收,最终形成了多元化的特点。可见,无论是中国历史上的统一还是分裂时期,中国物产丰富的特性总能在中华文化兼收并蓄精神的影响下,实现饮食文化的向前推进发展。

三、丰富的饮食文化体现着中国人对美好生活的追求和审美情趣

文化来源于生活,同时又引导人养成良好的生活习惯,可以说,生活是文化的实践,一个人的生活方式是能够反映其生存观念和文化精神的。有了经济繁荣的社会基础,中国人生存之本的饮食问题逐渐从"单纯营养摄取"的层面,延伸到了对生命和生活的体验与追求之中。例如,"吃得香"被认为人生幸福,"吃紧"代表局势紧张,被冷落称为"吃闭门羹",受了损失叫"吃亏",得了好处叫"吃到甜头",等等。这个时候,中国人对待饮食的认真态度和对待生活的用心态度是融合的,饮食习惯和饮食方式已经变成了中国人看待生活、对待生活、享受生活的新途径,已

经把人对自然万物的尊重和对身心调和的认知，以及附加在饮食层面人际情感的把握，体现到了以饮食活动为基础的饮食文化之中，推动着中国人丰富多彩的生活。而美食在带给人美好生活体验的同时，也促进人不断创造形式多样的新美食，以使生活更加丰富多彩。比如我们经常听说的"满汉全席"，就是清朝鼎盛时期，康熙皇帝过66岁生日大宴群臣，宫廷御厨们合力创造的集南北菜系优点、能满足满汉群臣口味、共108道菜的巨型筵席。

四、中华饮食文化蕴含着珍爱自然、善待万物的人文精神

《论语》记载，"子钓而不纲，弋不射宿"，是说孔子只用鱼钩钓鱼，不用网捕鱼，只射飞行中的鸟，不射睡在巢里的鸟。因为用网会把大鱼小鱼都抓到，鸟巢中的鸟可能正在哺育小鸟，这两种行为都有可能把鱼类、鸟类灭绝，这就是在教导我们对动物要存有仁爱之心和感恩之心。所以说，中华民族从农耕文明中走来，在战天斗地中体会到了自然万物对人类生存的重要意义，也养成了珍惜取之于天地的生活资源的传统。这体现在四个方面：一是取之有道。在选取食材的时候要讲究生物生长的时节季节，要有节制，不能盲目无度地攫取，破坏生物的生长规律。二是物尽其用。就是要有珍惜食材避免浪费的道德，养成节约的习惯。为了避免浪费，中国人讲究将食材的每一部分都用于制作食物，还发明了腌菜、熏制品等，用以延长易坏食材的保质期。三是物有所值。就是精细地对待食材，对不同的食材尽可能地通过多种不同的制作方式发掘其功效和价值，既要求烹饪方法得当，又要求味道可口。四是食有所美。就是烹饪制作出的食品讲究"色香味俱全"，这也推动了中国烹饪技术的不断发展改进，把饮食过程变成了创造美、审视美、享受美的过程。

总之，中华民族在改造自然中与自然和谐共生，一路走来历经过无数次自然灾害的侵袭，始终积极追求乐观、豁达、向上的生活，创造出了支撑中华民族生生不息、繁衍壮大的生存智慧。这些关于生存的智慧，通过中国人的生活体验代代传承，发展成相应的文化标志，成为中华民族发展的力量源泉。

【故事悦读】

吃饭：决定成败的细节

饮食问题常常决定做事情的成功与失败。战国时，赵悼襄王宠信见利忘义、卑鄙无耻的小人郭开，名将廉颇性如烈火，与郭开这般小人，根本是势同水火。赵悼襄王在郭开的蛊惑下，用乐乘来顶替廉颇的位置，气得廉颇跑到了魏国。廉颇走后，赵国的军事实力直接降了很大一个档次，战场上老是被人收拾。赵悼襄王就有点后悔，想请廉颇回来。郭开听说后，就花大钱贿赂并威胁去请廉颇的使者，不让廉颇回来。使者见了廉颇，廉颇很高兴，知道是什么意思，就很热情地接待使者。廉颇为了让赵王相信自己身体可一点都不输年轻人，还能上阵杀敌，当着使者的面吃了十斤肉、一斗米，并命人牵过马来，自己披挂上马，提刀劈砍了半天，下马落座，面不改色，神色自如。使者发愁了：廉颇分明是老当益壮啊，但是郭开可惹不起，这可怎么办？回到赵国，使者把这些都给赵王描述了一遍，说廉将军威猛不输年轻人。赵王很高兴，旁边的郭开脸色就阴沉了下来。使者瞥见了，心中突突直打鼓，赶忙又说："只不过，廉将军和我吃饭的时候，一阵子的工夫，就跑了三趟厕所。"哦，这样啊！赵王迟疑了。这样，廉颇唯一一次可以重回赵国的机会，就因为吃饭烟消云散了。

同样的情况，三国时的司马懿就用吃饭取得了"隐忍"的成功。魏明帝曹叡死前，安排司马懿与曹爽等人辅佐幼帝，但曹爽在后来处处针对司马懿，并把司马懿排挤出辅政大臣之列，让其担任一个只有虚职的太傅，司马懿为了提防曹爽的紧逼和针对，施展了装病的伎俩。对于司马懿称病在家，曹爽也不是完全相信，打算派人去试探一番，才可以彻底放心，于是借着自己的心腹李胜离京出任荆州刺史的时机去刺探一番司马懿的病情。李胜来到司马懿的卧室，只见躺在卧榻之上的司马懿，神情恍惚，目光呆滞，似听非听，魂不守舍。之后，被两名侍婢架住胳膊才勉强半躺半坐在榻上，婢女随即端来一小杯稀粥，司马懿自己持杯饮粥，手不停颤抖，口又不能及时闭合，结果一杯粥的大半，都流在胸口的衣服上。司马懿就这样瞒过了李胜的试探，曹爽因此放松了对司马懿的戒备。不久之后，司马懿就生龙活虎地发动了高平陵之变，铲除了曹爽势力，掌握了曹魏政权的大权，并开始为子孙夺取曹魏政权铺路。

第二十六讲
饮食文明

文化作为一种精神力量，融入社会化元素之后就能转化为物质力量，促进社会的发展进步。饮食文化始终是与人的生活息息相关、伴随社会发展不断发展的，在这样的发展过程中自然而然地被赋予了社会功能，衍生成为从属于社会文明的饮食文明。因此，我国数千年以来一直有逢年过节、亲友聚会、婚丧嫁娶等时通过举行饮食宴会共同纪念的传统。那么，我们如何理解饮食文明的内涵呢？可以用三句话概括：**凝聚人际合力的基础，践行礼仪文明的起点，修养行为举止的途径。**

一、凝聚人际合力的基础

我们在现实生活中都会有这样的经历：自己去外地出差、游玩，会带回一些地方知名食品给家人、亲朋；而长期在外地工作往返老家的时候，家里的亲戚朋友也会送一些土特产，让带给外地的朋友尝一尝。这样的习俗就是饮食文化融合社会元素逐渐流传下来的文明传统。中国的饮食文化是从人的生存实践开始，在长期的人与人之间交流的基础上得以发展的，这就让饮食文化有了最初只是家庭成员之间共享饮食彰显家庭和睦，到亲朋之间、

图 5-26-1·豫东人家的传统家宴

邻里之间、社会成员之间通过饮食，协调、联络、增进人际间情感关系的社会功能转化，有了这样的基础，就形成了中国饮食文明一个很重要的特征——围桌共餐、同食同乐。在文明还没有高度发展的时候，中国人吃饭是分桌同食的，受最早的"周礼"约束，在正规场合人们大多席地而坐，主人或者席间的最高长官居中，其他人分在两厢，面前桌案上摆着各自的食物，这种场景在春秋战国至魏晋的影视剧中都能看到。中国历来是一个重视家庭观念、家国同构的国度，历史上的几次社会大动荡，让中国人饱受颠沛流离、背井离乡的痛苦，传统的伦理观念也出现了新的发展，中国人开始居家围桌吃饭，彰显出全家人其乐融融的场面。这样，饮食文明就传承了中国人珍惜举家团圆、追求家庭和睦、增进家庭和谐的家庭观念。随着文明的发展，中国人围桌共食的家庭观向外扩散到广泛的社会关系中，人们通过同食同乐增进友谊，即便是相互不熟悉的人，也能通过饮食成为朋友，使人与人之间更加和谐、更加团结。我国古代有个传说，八仙过海的时候与龙王结怨，八人合力斗龙王没有取胜。战斗间歇，八仙感觉饥饿难忍便分头找吃的，因为周边人烟稀少，其他七人都没找到，只有曹国舅从海边跑到内地,发现了一户人家八个人围坐在四方桌上吃得很香,便喊来其他七仙共同在此饱餐一顿,等再与龙王战斗的时候终于凝聚八人之力取得了胜利。后来人们便把饭桌称为"八仙桌",把当时的农家菜称为"八大碗",意味着围在一起吃饭能够凝聚强大的力量,这实际也是当时人们将社会元素融入饮食后的集体社会愿景的体现。因此,随着社会文明的向前发展,当饮食中的家庭观、和谐观结合了中国人热情好客、乐于奉献、善于分享的传统精神后,饮食文明就成为促进中华民族家国天下理念下全民族凝心聚力的基础方式。

【拓展链接】

孟尝君曾待客夜食,有一人蔽火光。客怒,以饭不等,辍食辞去。孟尝君起,自持其饭比之。客惭,自刭。士以此多归孟尝君。

(摘选自汉司马迁《史记》)

> **[译文]** 有一次,孟尝君招待宾客吃晚饭,有个人遮住了灯光,那个被遮了灯光的宾客很恼火,认为饭食的质量肯定不相等,放下碗筷就要辞别而去。孟尝君马上站起来,亲自端着自己的饭食与他的相比,那个宾客惭愧得无地自容,就以刎颈自杀表示谢罪。贤士们因此有很多人都情愿归附孟尝君。

二、践行礼仪文明的起点

中国人的饮食过程,包含着丰富的礼仪成分,根据不同的饮食场合、不同的饮食对象、不同的设宴主题以及饮食人不同的民族风俗习惯,要有不同的行为举止,既有礼节礼貌方面的要求,也有伦理秩序方面的规矩,比如宴饮中座次长幼要有序,别人敬酒时要一饮而尽以示尊敬等。西汉有个"灌夫骂座"的故事。灌夫曾随周亚夫平定六国之乱,以勇猛著称,在参加汉武帝的舅舅、丞相田蚡娶妻的宴会上,向田蚡敬酒。因两人平时有矛盾,田蚡推辞喝不了满杯,也没遵守饮食礼仪向灌夫还礼,灌夫受到不敬有点生气。他又转向敬比他辈分低的同宗人灌贤时,因为灌贤正和别人说话没有理睬他,灌夫便忍不住了,以灌贤不守饮食礼仪对长辈不敬为由,当场大骂灌贤,顺带着指桑骂槐,责备田蚡在宴席上安排的座次不合规矩,搅乱田蚡的婚宴,差点被治罪,也因此得罪了丞相,后来被田蚡告到汉武帝那里,被找理由杀了。这个故事就体现了饮食蕴含的礼仪在人们生活中的影响力。从我国历史看,不论是王公贵族通过官办学府或者请先生到家接受教育,还是大户人家可以通过民间私塾接受教育,都会充分利用一定的生活行为,让经典史籍中体现的礼仪伦理和道德习惯,内化于心,外化于行。尽管在那个人与人不平等的封建年代,普通民众特别是穷苦人家,是没有机会接受这样的教育的,但他们也会自觉地在日常生活中传递相应的观念或道理。而作为日常生活行为,饮食是从人出生开始每天都要实施、不可间断的行为,也就成为中国传统文明礼仪天然的实践载体。因此,中国人从小就会在饮食行为中潜移默化地接受文明礼仪等方面的教育。

【拓展链接】

《礼记》是战国至秦汉年间儒家学者解释说明经书《仪礼》的文章选集,是一部儒家思想的资料汇编,又叫《小戴礼记》。与《周礼》《仪礼》合称"三礼"。《礼记》的作者不止一人,写作时间也有先有后,其中多数篇章可能是孔子的弟子及其学生们的作品,还兼收先秦的其他典籍。

《礼记》的内容包括夏商周典章制度、社会变迁、社会生活。《内则》是《礼记》的一部分，主要内容是男女居室事父母、舅姑之法，即家庭主要遵循的礼则，如儿子孝敬父母，媳妇孝敬公婆，夫妇之礼仪，等等。除此之外，《内则》篇也比较翔实地记录了商周时代特别是周代的饮食发展状况和饮食思想。该书称得上是中国最早的饮食文献。

三、修养行为举止的途径

饮食礼仪包含宴饮如何发起，客人来到如何接待，宾朋座位如何确定，菜品有哪些避讳和上桌的顺序，饮食时的礼貌礼节，饮宴中主客如何表示尊重，饮食用具的使用规矩，送客和辞别的注意事项等一系列的内容，明白了这一系列的规矩，能够细致入微地纠正人在礼仪意识、伦理观念、神态动作、行为习惯等多方面的细节举止。在饮食中养成一些良好的习惯，就能从细微之处体现一个人的礼仪风范和行为修养，并因此获得他人的认可。例如，有一次唐玄宗李隆基和太子李亨一起吃饭，上了一道烤羊腿，便让李亨把羊腿切切分开。李亨切好羊腿顺手拿起旁边的饼子擦了擦手上的油，唐玄宗这时认为李亨不懂得节约很不高兴。然而李亨擦完油之后，习惯性地把饼放进盘子里慢慢地吃掉了，唐玄宗看到后随即改变了看法，认为李亨做事注重细节、知礼仪、懂规矩，非常赞赏李亨的修养。后来李亨继位成了唐肃宗，还从安史叛军手中收复了长安和洛阳。因此，饮食活动具备伴随人们终生且普遍存在的优势，能让人先天的和后天的差异性因素在不断自我约束中修正为良好的礼仪习惯，是中国人修养符合文明规范行为举止的基本途径，是个人涵养内外兼修的提高过程。

【故事悦读】

一碗关乎脸面的羊汤

战国时期,燕赵之内,今河北省中部太行山东麓一带,有一个据说是由鲜虞人建立的国家,因为城中有山,得国名"中山"。

《战国策》记载,有一次,中山国君大宴宾客,邀请了社会各界的名流、头面人物,大夫司马子期也在被邀请之列。酒足之后,国君又安排了羊汤,人人有份,让大家尽享美味。

这个司马子期,是个官二代,出身贵族,他的父亲司马憙,曾经三次担任中山国的相国,据说其是大史学家司马迁的先祖。有一种说法,司马迁写《史记》把中山国排除在外,就是因为司马子期这件事。

那个时候,能不能喝上羊汤,是一件关乎地位和脸面的事情。但是这一次羊汤宴,偏偏轮到司马子期的时候,羊汤盛完了。司马子期这人,小心眼儿,他心里燃烧起愤怒的烈火:羊汤事小,尊严事大,老子当众遭到如此羞辱,如不报复,誓不为人!

司马子期说干就干,他立即叛逃,跑到了楚国,把中山国的军政机密一股脑儿都告诉了楚王,并且鼓动楚王攻打中山国。结果,楚国大军来攻,中山国被灭。中山国君因一碗羊汤丢了王位,只能出逃外国、四海流亡了。

中山君在逃亡之际,有两个人拿着兵器追随不舍,中山君感动得热泪盈眶,问其原因,两人说:"我们家老父亲有一次快要饿死了,您曾经赏给他一壶熟食,救了他的命。他临死时叮嘱我们兄弟:'将来万一中山君有了危难,你们一定要为他而死。'

我们兄弟不敢违背父亲的遗愿,所以特地为您效命。"

中山君仰天长叹:"看来,施舍不在于多少,关键在于人家是否困难;仇怨不在于深浅,关键在于是否伤了人心。我因为一碗羊肉汤丢了国家,却因为一壶熟食得到了两位勇士!"

知识测试（十三）

1. 中国的鲁、川、粤、闽、苏、浙、湘、徽八大菜系形成于（　　）
   A. 宋元时期　　B. 秦汉时期　　C. 明清时期　　D. 唐宋时期

2. 中国饮食文化中讲究"吃多少，拿多少"，不会随意取用，珍惜食材而避免浪费，是指（　　）
   A. 物尽其用　　B. 物有所值　　C. 物以稀为贵　　D. 物华天宝

3. 用40年的美食实践写下了经典食谱《随园食单》的是（　　）
   A. 林则徐　　B. 和珅　　C. 郑成功　　D. 袁枚

4. 《神农本草经》中提到，神农尝百草时，曾身中多种毒，得什么而解毒？（　　）
   A. 金银花　　B. 茶　　C. 芦荟　　D. 蒲公英

5. 茶道离不开茶具，古代也称茶器为（　　）
   A. 茶壶　　B. 茶皿　　C. 茗器　　D. 茶具

6. "狼吞虎咽"这样的形态被认为是一种什么表现？（　　）
   A. 不文雅　　B. 文明　　C. 文雅　　D. 粗糙

7. 日本茶道源于（　　）
   A. 印度　　B. 英国　　C. 斯里兰卡　　D. 中国

8. 夹食时，在菜食中翻腾或越界到对方一面夹取，指的是（　　）
   A. 舔筷　　B. 掏筷　　C. 游筷　　D. 插筷

9. 中国人礼仪文明修养的开始是（　　）
   A. 衣着之礼　　B. 饮食之礼　　C. 装饰之礼　　D. 待人之礼

10. "庖丁解牛"出自我国古代著作（　　）
    A.《论语》　　B.《孟子》　　C.《庄子》　　D.《春秋》

11. "五谷"包括稻、黍、稷、麦和（　　）
    A. 茶　　B. 花生　　C. 绿豆　　D. 菽

12. 公元 709 年，韦巨源升任尚书左仆射，向唐中宗进宴的宴会共上了多少道菜？ （ ）
    A.49　　B.58　　C.66　　D.81
13. 《随园食单》记录了 326 道菜肴和点心食谱，其记录者是（ ）
    A. 袁枚　　B. 苏东坡　　C. 文徵明　　D. 纪晓岚
14. "治大国，若烹小鲜"的名言出自 （ ）
    A.《道德经》　　B.《南华经》　　C.《金刚经》　　D.《心经》
15. 在中国人的传统观念里，什么是整个社会的基础？（ ）
    A. 国家　　B. 家庭　　C. 人民　　D. 边疆
16. 围桌而食的饮食习惯体现了中国人的 （ ）
    A. 礼让精神　　B. 谦恭精神　　C. 乐群精神　　D. 无畏精神
17. "食不语"意思是吃饭的时候不多说话，这是谁的主张？（ ）
    A. 老子　　B. 孔子　　C. 孟子　　D. 墨子
18. 中华饮食中最突出的一个例子是 （ ）
    A. 烹饪文化　　B. 餐具文化　　C. 餐桌文化　　D. 筷子文化

第二十七讲

中医养智慧

人吃五谷杂粮难免生病，人的一生都在与生命健康打交道。因此，自从有了人类活动，就有了涉及健康与疾病的医药活动。这种针对人生命本体、维持人健康成长的活动，在社会文化的推动下，蕴含了相应的人文价值和文化特征，形成了具有完备理论体系的中医学。中医，以其整体的治疗思想、多角度观察病理的方法、奇特的治疗技术、和谐的用药手段，成为中华传统文化中的精粹，是人类文化宝库中一颗璀璨的明珠。对中医文化，我们需重点了解三个方面：

一、中医的形成与发展

中医产生于原始社会，人们在长期的采集野果野菜的生活中发现了植物药，在长期的渔猎生活中发现了动物药，在采矿冶炼的生活实践中发现了矿物药。如伏羲"制九针"发明了针具治病，神农"尝百草"发现草药治病，黄帝和大臣岐伯研究医药理论留下"岐黄之术"。经历夏商周三朝的发展，医学理论开始萌芽，药物学的知识不断丰富，治疗疾病也有了多样的方法，中国人在社会实践中形成了一套自己的治病原理和方法。战国、秦汉至三国,是中医理论体系的形成期,其标志是三本医学经典的相继问世,分别为:战国至秦汉期间,后人多方搜集整理并多次增加或修改内容的《黄帝内经》,是中国最早的医学典籍;东汉张仲景所著的《伤寒杂病论》,最大的贡献是确立了辨证论治的医学原则,奠定了临床诊断理论的基础;东汉时期整理、总结出的关于药物学成果的《神农本草经》,是最早的中药学著作,第一次系统地总结了之前的中医用药的实践。宋、金、元时期,是我国医学的发达兴盛期,主要表现为医政设施的进步和完善。比如北宋,在都城开封设立"翰林医官院""太医局"及其他医学机构,把医药行政与医学教育分别设立,还设立"御药院""尚药局""医药惠民局"等专职药政的机构,特别是"医官院"的"针灸铜人",一直是世界针灸医学的源头。关于中医发展,我们需要注意一个现象,北宋之前,河南一直是全国的政治、经济、文化中心,众多中医大师荟萃中原。有人统计,春秋战国至明末,史传中有籍可考的全国名医出自河南的有912位。中原大地上形成了独特的药文化,如产于古代怀庆府、现在焦作市的"怀山药、怀菊花、怀地黄、怀牛膝"四大怀药,有着3000年的历史;如洛阳龙门石窟的药方洞,刻有100多个药方,涉及120多种药材用法,是我国现存最早的石刻药方。因此,河南是中国医药学术发展的主要贡献地,这是让河南人引以为自豪的事实。

【拓展链接】

中原医学文化以整体的治疗思想、多角度观察病理的方法、奇特的治疗技术、和谐的用药手段著称于世,是传统文化中的精华与国粹。黄帝被后人公认为中医药的创始人,战国时期编著的《黄帝内经》至今仍是中医学工作者必读的指导性医学著作。东汉南阳人张仲景的《伤寒杂病论》,提出了六经辨证的理论体系,是我国第一部理、法、方、药兼备的中医经典专著,被誉为"中国医方之祖"。洛阳龙门石窟的药方洞,保留有北齐时期完整的中医药方118个,治疗的病种达37个,这些药方为中国现存最早的石刻药方。北宋都城开封设有"尚药局""御药院""医药惠民局""太医局""翰林医官院"等机构,设置之全在当时首屈一指。在"医官院"放置的制作精细的"针灸铜人",成为世界针灸医学发祥地的象征。可以说,中医药文化起源于中原,中医药大师荟萃于中原,中医药文化发达于中原,中医药巨著诞生于中原。

(摘选自徐光春《中原文化与中原崛起》)

二、以人体整体理论为基础的整体观是中医文化的灵魂

中医理论认为,人是自然界的生灵,其遵循自然法则生存运行,是肌体组织、器官各部分生理功能相互调和、稳健平衡的过程。从《黄帝内经》开始,中医文化的哲学思想轮廓就非常清晰,包含了阴阳学说、五行相生相克,以及经络、穴位、气血三者相互联系制约的整体宇宙观等思想。比如张仲景所著的《伤寒杂病论》,开启了辨证医治理论的先河:一是关于阴阳及平衡的理论,提出了人体阴阳之气的平衡是生命健康的基本条件,是古代哲学和谐思想的充分体现;二是关于五行及脏腑、经络的理论,丰富了古代哲学的整体观念与联系观念;三是关于辨证的医理,通过对人体外部现象的观察,可以得出人体健康的状况,体现了中医对本质和现象问题的独特理解。在这些思想的影响下,形成了中医有病调理、无病养生两个方面的作用,确立了"望、闻、问、切"的基本中医技法,用医疗实践生动地体现了整体观思想,至今仍然对我们预防疾病、维持生命健康产生着深远的影响。比如,2019年底暴发的新冠疫情,统计数据显示,我国确诊病例中,有74187人使用了中医药,占91.5%,临床疗效观察显示,中医药总

有效率在 90% 以上。与国外疫情防控相比，除了没有我国社会主义的制度优势，他们也没有我们中医药的医学传统，所以其他国家的疫情没有得到及时有效的控制。

【拓展链接】

中西医结合、中西药并用，是这次疫情防控的一大特点，也是中医药传承精华、守正创新的生动实践。

（摘选自习近平主持召开专家学者座谈会上的讲话）

三、未病先治是中医追求的最高境界

《黄帝内经》中有句体现中医理论精髓的话："圣人不治已病治未病，不治已乱治未乱。"意思就是说，人有了病之后能治疗不是好医生，在病发前能够通过观察人的身体变化察觉出即将出现的病症，指导人把身体调节平衡，实现有效预防疾病才是好医生。这包含三层含义：

一是防止人发病，这是中医的养生功能。中医提倡通过相应食物的搭配食用达到营养的补充，提倡适当时候用中药调理人的身体机能平衡，提倡人在生活中平心静气避免情绪异常，提倡注重依据自然规律在运动中与自然和谐相处，从而达到健康长寿需要的生活状态和身体条件，有效地预防疾病的发生。

二是及早发现病症，在疾病发生后能够有效防止疾病的转移、演变。战国时期有个"讳疾忌医"的故事：神医扁鹊有一次去见蔡桓公，看到他气色不好就告诉他有病了，需要趁病情不重及早治疗，但蔡桓公不信，还对大臣们讲，医生就喜欢故弄玄虚以显示自己的本领；后来扁鹊又两次提醒蔡桓公及早治疗，但蔡桓公始终不当回事儿；第四次再见蔡桓公，扁鹊没说话转身就走，蔡桓公感到奇怪就派人追出去问怎么回事儿，扁鹊说前几次大王的

病始终在发展阶段自己可以医治,但现在大王的病已经侵入骨髓,自己已经无法医治,这个时候不赶紧走恐怕会因为无法医治而被治罪;没过几天,蔡桓公果然开始感觉身体不适,再派人去请扁鹊医治,扁鹊怕被治罪早已提前逃到了别国,蔡桓公也很快不治身亡了。

三是中医讲究防止疾病的复发并有效预防后遗症。比如对中风、哮喘等先兆性病症,要在先兆症状已出现的时候就及时施药,阻止病情发作,症状消除后要有后续的调理时间或制订相应的调养措施,让病人彻底痊愈不复发。

总之,中医是中华文化中具有代表性的文化符号和文明成果,对周边国家也有着极其深远的影响,像日本、韩国、朝鲜、越南等国医学都是以中医为基础发展而来的。

【故事悦读】

夏无且:不以医术进入正史的医生

《史记》记载,荆轲图穷匕见,因为当时秦国规定殿上侍从大臣不允许携带任何兵器,殿上的大臣们被这突然的变故吓得呆若木鸡,秦王围着柱子左闪右躲,武功高强的荆轲虽然一时刺不中,但秦王完全陷入了绝境。

眼看荆轲越逼越近,就要追上秦王,在这千钧一发的危急时刻,侍从医官夏无且急中生智,他拿起自己的药囊,奋力砸向荆轲。这时,殿上那些蒙了的大臣们也醒悟过来,做起了场外指导:"大王,把剑推到背后,就能拔出宝剑。"在荆轲躲闪药囊的一愣之间,秦王已经脱离了荆轲匕首的攻击范围。听到大臣们的提醒,秦王恍然大悟,把剑身往身后一推,抽出宝剑,奋力一挥,就砍断了荆轲的左腿,重伤的荆轲把匕首飞掷秦王,秦王用宝剑格挡,匕首击中了桐柱。秦王一挥剑,斩断了荆轲的五指。然后,招来侍从武士,斩荆轲于殿上,杀秦舞阳于阶下。事后秦王论功行赏,以夏无且为首功。他重赏夏无且"黄金二百溢",还说:"无且爱我,乃以药囊提荆轲也。"

夏无且应该是唯一一个不因医术上的贡献而被载入史册的医生了。

第二十八讲
武者内外兼修

武术与中医一样,是中国人强健体魄、保护生命的重要手段,它根植于中国人对身心的理解和认识,集中体现了中国人传统的生命观念和人文精神,是中华民族在长期生活与斗争实践中不断积累和发展起来的一项宝贵文化遗产。从总体上讲,武术从人的生存起源发展,融合强身健体、陶冶心灵、报国安邦等理念思想,是一种内外兼修的传统文化。我们可以从以下三个方面分析其中的原因:

一、中国人的实用理性思维,赋予了武术广泛的思想理念和文化内容,让武术成为人们身心修炼的技能

中国武术有着悠久的历史,在不同的历史时期有着不同的作用,在原始社会人们为满足基本生存需要,在与动物的搏斗中产生萌芽,是人们不可或缺的生存手段;旧石器时代后期,人们把生产工具改进为武器,在部落之间的斗争中发挥作用;伴随中国人审美意识的产生,武术与舞蹈结合成为古代祭祀祈福的手段,到战国时期从单纯的军事格斗发展成为人们娱乐助兴的表演形式;在长达几千年的冷兵器时代,武术在抗击外部侵略、维护国家和

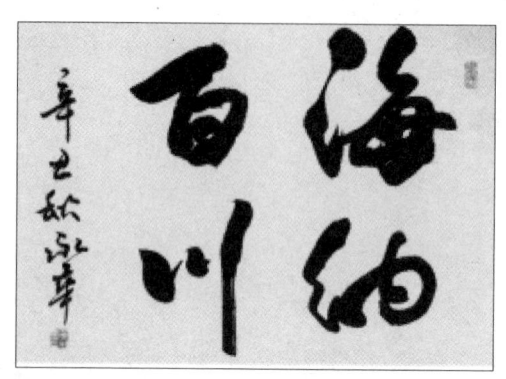

图1-28-1·海纳百川（书法）

民族利益中，建立了不朽的功勋。通过社会历史的发展，我们可以看到在古代社会，实用理性的思维长期主导着中国人的生活，正如吃饱饭一样，最初的武术就是人们生存的本领之一，这就让武术在此后不论怎样发展，人们普遍认为，具备一定的武术技能能够让人在受到外来侵袭的时候战胜对方，没有争斗的时候习武能让人体质强健、身体健康，这既让练习武术很早就有了广泛的群众基础，也让人在练武中锻炼意志成为一种传统。古代流传下来的很多谚语，如"练拳不练功，到老一场空""冬练三九，夏练三伏"等，都是在强调武术对人身体和意志的锻炼。

随着中国思想文化和社会文明的不断发展，春秋末期，孔子到访楚国，楚庄王融合孔子的儒家思想提出"止戈为武"，把武术的精神从单纯的追求胜负上升为追求和谐。中国武术在发展中逐步吸收中华优秀文化的多种人文思想元素，无论是武术技法的创造、训练原则，还是拳理阐述、武德要求，均体现着中国古代的哲学思想。比如习武的基本要求是道家"天人合一"的理念，讲究练功要注重整体，把人与周边的环境密切联系起来，根据季节、时辰的变化采用不同的方法，以达到练功的目的。因此，武术不仅是搏击格斗的技能，习武也不仅仅是力气与技法的简单结合，更是以运动的形式诠释健康外形和修养内涵的身心合一的人生境界追求。

【拓展链接】

潘党曰："……臣闻克敌必示子孙，以无忘武功。"楚子曰："非尔所知也。夫文，止戈为武……"

（摘选自春秋左丘明《左传》）

[成语故事] 楚国大夫潘党，劝楚庄王把晋国军人的尸体堆积起来，筑成一座大"骷髅台"（叫作"京观"），作为战争胜利的纪念物，留给子孙后代看，借以炫耀楚国的武力，威慑诸侯。

楚庄王却不同意这种做法，他说："战争不是为了宣扬军事实力，而是为了禁止强暴，给百姓带来安定的生活。从文字组成上讲，这个'武'字是由'止'和'戈'两个字组成的，'止戈'才是'武'！止息兵戈才是真正的武功。武功应该具备七种德行：制止暴力、消除战争、保持强大、巩固基业、安定百姓、团结民众、增加财富。这七种德行，我一种也没有，拿什么留给子孙……晋国的军卒是为了执行国君命令而战死的，他们也没有什么错。怎么可以用他们的尸体做京观呢？"楚国的军队按照楚庄王的命令，到黄河边祭祀了河神，修筑了一座祖先宫室，很快就班师回国了。

二、习武要坚持以德为先

《左传》中说："夫武，禁暴、戢兵、保大、定功、安民、和众、丰财者也。"这就是尚武精神的七种作用，即制止暴力、消除战争、保持强大、巩固基业、安定百姓、团结民众、增加财富，这些包含着武力战争在内、广义上的尚武要求，也是习武者追求的目标。在中国古代社会，阶级压迫、贫富不均等决定了人与人之间的不平等，中国古代思想家们悲天悯人、倡导社会公平的理念影响着人们习武行为的社会认识，习武者坚守传承"习武先修德"的行规古训，形成了蕴含中国人集体性格气质的传统武德，使中华传统的道德规范、行为准则和礼仪伦理在武术中得到集中体现。比如，中华武术从人与野兽的生存搏斗中产生，中国人对恃强凌弱的习武思想最为不齿，很多武术门派的门规里大都把好勇斗狠列为禁忌性行为，我国传统的武侠小说里针对这方面的要求有非常充分的体现。随着武术文化的发展，武术在套路、技法中融合道德范畴的人文礼仪，将以德为先的内在要求，外化为具体招式的武术礼节，以此反映一个武术门派的武学宗旨和特点标志，涵盖了武术中的各个过程和细节，常见的有抱拳礼、鞠躬礼、器械礼、注目礼等，极大地丰富了中国武术的精神内涵。

三、习武是培养和践行爱国精神的过程

武术是民族文化在武技上的体现，也是对中华民族精神的实践。在中国，最崇高的民族精神就是热爱祖国、报效祖国，因此，习武的过程也是培养和践行爱国精神的过程。习文、练武是古代中国人实现报国理想的两大主要途径，文武双全是中国人追求的完美人生，因此，武术在中国自古有着普遍的民众基础，一方面保证了中国人大多有健康的体质，促进国民素质的整体提高，另一方面注重民族大义武德的习武者，将自身命运与国家命运紧紧联系在了一起。历史上，习武抗敌的事迹不但体现在那些著名的民族英雄身上，民间以武报国的故事更能体现人民大众普遍的爱国情怀。比如，少林武术的名扬天下，就是源于少林武僧的爱国实践，唐朝时期有"十三棍僧救唐王"的故事，当然这只是对历史事件的美化，而少林以武报国的真实事迹发生在明朝。明朝嘉靖年间，倭寇在我国东南沿海侵扰百姓，少林僧人月空带领80多名武僧赶赴沙场，帮助官军多次战败倭寇，先后有30多人为国捐躯。清朝初期，明朝后人多次大规模武装抗清失败，一些仁人志士纷纷削发为僧掩饰身份，勤习少林武术以图报国。少林寺中的反清行为也引起了清朝政府的关注，下令严禁民间习武，但少林武功仍然暗中通过反清人士秘密传播，一些有武术功底的人融合少林武功，还开创了不少源自少林的武术，如咏春拳、洪拳等，以少林寺为代表的寺院武功也因此得到了迅速发展，以至于后来取得了武术正宗的崇高地位。

【拓展链接】

黄啸侠（1900—1981），又名钜添，广东省广州市番禺区石碁镇莲塘村人，是一位享誉国内外的武术大师。新中国成立前曾任广州民体会武术教练、国术部主任。新中国成立后历任广东省武协主席、广州市武协主席，以及广州武术队教练、广州体育学院教授等职，被武坛誉为"铁臂鸳鸯手"，是"南国五虎将"之一。

1928年，黄啸侠在广州惠福路大佛寺内创办"国民体育会"，担任国民体育会的国术部主任、武术教练，上门求学者甚众。1937年日寇侵华，黄啸侠激于义愤，亲自编写《抗日大刀法》教材，以国民体育会的名义，发动群众，练武卫国，组织抗日大刀队，把自己所学的罗汉门刀法绝技传给参加抗日的民众与士兵。在他的影响下，佛山鸿胜会也建立起同样的组织，大刀队雄风赳赳，使敌寇闻风丧胆。

因此，我们学习中国武术文化，最重要的是深刻领会武术中体现的思想内涵，传承习武过程中的吃苦精神和挑战意识，在强身健体中陶冶心灵，用武术中蕴含的民族精神培养、激发爱国主义精神和文化自信心。

【故事悦读】

许世友：师出少林的开国上将

许世友去少林寺纯属偶然。一日，他在草场上跟小伙伴们嬉闹、斗拳，独自一人与四五个孩子打斗，打得不亦乐乎。谁也没注意，山路上走来一个中年僧人，他默默地在一旁观看。围观者后来说，僧人看了一会儿，摘下斗笠随手一挥，那些小伙伴竟然都被他挥得跌倒了。之后，僧人把许世友拉到一边，单独跟他聊起天来。聊天中，僧人发现他不但手脚麻利，而且识得字，聪颖好学，便问："愿意进少林寺学功夫吗？"少林寺可是男孩子心中的圣地，许世友当然愿意，后经母亲同意跟随僧人而去。

许世友在少林寺习武八年后，向师父请求返家探望。师父答应了，给假两天。临行前，师父再三叮嘱：出家人务要谨守谦和，外出断断不可生事。这一天，许世友跋涉百里，兴冲冲地来到老家的村边上，却碰见他哥哥被一伙人打。原来是他哥哥放牛没留神儿，牛吃了别人家的麦苗，许世友说可以拿钱赔他们的庄稼，可是对方不依，他哥哥被对方的几个家丁打得直吐血。不仅如此，对方还破口大骂，随后旁边一人还上来挥拳猛击许世友。许世友下意识挥掌挡开了对方的拳头，然后又下意识地弹脚反击，拳脚正中那人的胸口，那人吐血不起，不久竟然死了。

许世友知道闯下大祸了，连家门也未进，立刻返回少林寺，跪到师父面前，向他禀告经过。师父听罢，长叹一声，沉默良久，掏出多年积攒的八个银圆，让许世友按照寺规，凭自身功夫打出了山门。

后来，有人请教过原南京军区副司令员钱均将军，钱将军少年时也曾投奔少林寺学习武功，是许世友的师弟。钱将军感叹道："那一天，山门外面充满拳脚之声、棍棒之声、怒吼之声，打得真是凶。许司令武功好，真的是自己打出山门的。我武功差，根本打不出去。我后来离开少林时，只能悄悄从后山小道溜走，这才参加了红军。"

（摘选自华山《父亲——还原真实的开国上将许世友》）

知识测试（十四）

1. 中医产生于原始社会，并在春秋战国时期形成了较为完整的中医理论，之后不断得到总结和发展。中医也称为　　　（　　）
   A. 秦医　　B. 汉医　　C. 宋医　　D. 古医

2. 最早提出"望闻问切"的是春秋战国时期的　　　（　　）
   A. 扁鹊　　B. 华佗　　C. 张仲景　　D. 李时珍

3. 日本汉方医学、韩国韩医学、朝鲜高丽医学、越南东医学等都是以谁为基础发展而来的？　　　（　　）
   A. 西医　　B. 中医　　C. 针灸　　D. 中西医

4. 通过询问病患或陪诊者了解病情与病史，以了解以往病史的方法，是"望闻问切"中的　　　（　　）
   A. 望　　B. 闻　　C. 问　　D. 切

5. 以下哪一部著作不是中医四大经典著作之一？　　　（　　）
   A.《神农本草经》　　B.《难经》
   C.《黄帝内经》　　D.《本草纲目》

6. 发明了麻沸散和五禽戏的是　　　（　　）
   A. 扁鹊　　B. 华佗　　C. 张仲景　　D. 孙思邈

7. 我国历史上最早的临床百科全书是孙思邈的代表作　　　（　　）
   A.《本草纲目》　　B.《难经》
   C.《千金要方》　　D.《伤寒杂病论》

8. 我国中医理论的奠基人是　　　（　　）
   A. 华佗　　B. 扁鹊　　C. 孙思邈　　D. 李时珍

9. 我国被称为"医圣"的是　　　（　　）
   A. 杜甫　　B. 张仲景　　C. 李白　　D. 华佗

10. 张三丰根据少林拳术，结合道家思想创立，将道教的性命炼养之旨融于拳法中，具有贵柔尚意特点的这套拳法是　　　　　　（　　）
   A. 太极拳　　B. 通臂拳　　C. 内家拳　　D. 泰拳

11. 公认的中华文化代表与符号是中医和　　　　　　　　　　（　　）
   A. 书法　　B. 武术　　C. 戏曲　　D. 诗词

12. 中医的理论基础是　　　　　　　　　　　　　　　　　　（　　）
   A. 阴阳五行　　B. 太极八卦　　C. 乾坤四象　　D. 天干地支

13. 中医经常用来治疗疾病或养生保健的关键点是　　　　　　（　　）
   A. 经络　　B. 气血　　C. 穴位　　D. 神经

14. 传说曾经"一日遇七十二毒"，尝遍百草发现中草药，被称为"药神"的是　　　　　　　　　　　　　　　　　　　　　　　　（　　）
   A. 黄帝　　B. 神农　　C. 女娲　　D. 伏羲

15. 下列哪组名医与成就是正确的？　　　　　　　　　　　　（　　）
   A. 陶景弘《伤寒杂病论》　　B. 扁鹊《神农本草经》
   C. 孙思邈《本草纲目》　　D. 华佗"五禽戏"

16. 武术的灵魂是　　　　　　　　　　　　　　　　　　　　（　　）
   A. 武德　　B. 武礼　　C. 信义　　D. 门规

17. 无极而太极的武术思想来源于　　　　　　　　　　　　　（　　）
   A. 道家哲学　　B. 儒家哲学　　C. 佛家哲学　　D. 墨家哲学

第二十九讲
天地与人文

每一个中国人对传统节日都不陌生,特别是有些节日既有美好的节日场面,又有丰富多彩的娱乐表演活动和各具特色的节日小吃,是很多中国人小时候最期盼、长大后最留恋的事情;在有华人居住的海外,每逢重要的传统节日,如春节、中秋节,海外华人都会盛装在身、同庆共贺,抒发对家乡故土、伟大祖国的挚爱深情。这就是中华传统节日承载的文化内涵,是凝聚中华儿女民族精神和民族情感的文化瑰宝,是维系中华儿女家国情怀和民族团结的精神纽带。

【拓展链接】

中国传统节日,凝结着中华民族的民族精神和民族情感,承载着中华民族的文化血脉和思想精华,是维系国家统一、民族团结和社会和谐的重要精神纽带,是建设社会主义先进文化的宝贵资源。在中华民族的历史发展进程中,传统节日以其丰富的文化内涵和周期性、民族性、群众性的特点,深深融入人们的日常生活和精神世界，滋养着民族的生命力、创造力和凝聚力，推动着中华文化历久弥新、不断发展壮大。

（摘选自《关于运用传统节日弘扬民族文化的优秀传统的意见》）

一、中华传统节日的形成发展大致经历了四个阶段

一是上古时期至先秦时期建立在原始崇拜基础上的萌芽阶段。主要是源于对鬼神的信仰和迷信色彩的禁忌，比如驱赶"年兽"过春节的传说。

二是汉代的定型阶段。汉代的大一统局面促进了各地区风俗的融合，"太初历"的建立为节日风俗注入了新的生机与活力，一些历史人物如屈原、介子推等成为节日纪念人物，节日习俗和礼仪风俗相互吸收融合，节日纪念由对人的真实情感取代了原始的鬼神崇拜信仰，被人们约定俗成地接受并沿袭下来。

三是魏晋南北朝的融合阶段。这个时期的民族大迁徙大融合推动了民族文化的交流，如北方游牧民族杂技游艺成分的骑射、蹴鞠等习俗传入中原，三教合流后宗教习俗在民间的传播，魏晋玄学提倡的清谈文化为节日风俗注入新内容，促进了节日文化的融合与发展。

四是唐宋的高峰期。这一时期的经济发展、文化繁荣，推动了民俗文化彻底的礼仪性、娱乐性转变，又增加了许多文化性活动，如拔河、放风筝等，把节日演变成了真正的良辰佳节。

从中国传统节日的形成发展阶段中，我们可以看出，在原始社会，人们对自然现象不能理解和无法控制，对自然界产生了崇拜和恐惧的心理，人们的这种得到自然力量保护的期望逐渐转变成了原始信仰，就有了祭祀天地的庆典活动，以此反映人们对自然的崇拜和感恩，并祈福避害，这时的祭祀是不固定时令的。而随着对自然的认知，人们逐步掌握了自然时令变化的规律，把何时耕种、何时收获的生产活动日期排列成表，以历法的形式把一

年的二十四节气确定下来，按照节气的自然规律进行农耕生产劳动，生产劳动之余人们开始根据固定的节气规定特定的日期开展祭祀、祈福、庆祝性的活动，"节日"便由此诞生。随着农耕文明的发展和人文思想的完善，节日的活动内容又融入了关于对重要人物的纪念和对事物发展的思考，形成了不同来源转化而来的三种类型的传统节日：第一种是直接从二十四节气演化而来，反映自然时令变化的节日，比如冬至；第二种是反映人们吉庆祈福的纪念类节日，如端午节、重阳节等；第三种是宗教信仰类节日，如腊八粥的习俗是佛教庆典活动在民间传播的结果。但不论是原始的信仰，还是节气的庆祝，人对自然的敬重、感恩始终贯穿其中。在重要的节气节日，封建帝王都会举行盛大的祭祀天地活动，比如冬至的祭天活动，自夏朝开始沿袭几千年，到了明清时期更为隆重。现存北京的古迹天坛和地坛，就是明嘉靖皇帝改为天地分别祭祀始建，又经清朝乾隆改建，留下的古建筑瑰宝。因此，中国传统节日是在中国传统农事历法基础上，在不断认识自然、适应自然的劳动生活中形成的，蕴含天地人文内容的历史文化成果。

每一种文化现象背后都有着厚重的人文思想底蕴，这是文化始终保持鲜活生命力，在人类繁衍生息中代代相传的根本原因。

二、中国传统节日中的风俗主要包含三个方面的人文思想

一是顺应自然的天人合一观念。由自然节气演变而来的节日，本身就是人们尊重自然的结果，与人的感性认识结合之后就更加直观地体现了人与自然的关系。比如花朝节，两宋时期一般是指农历二月初二的初春时节，人们以此纪念人生生长阶段。古时候花朝节也称"花神节"，是庆祝花神生日设立的，向花神祈福能保人丁兴旺、花木繁盛，这又是人们自然崇拜的延续。而花朝节的内容是欣赏红色，最早是人们将五色剪纸粘挂在树枝上以示花

木旺盛，后来衍生了人们结伴郊游欣赏自然风光、赶庙会、逛集市等内容，体现了遵守农时季节的人们在农闲时节生活无忧的欣欣向荣景象。

二是与时俱进地追求美好思想。中国的很多传统节日背后都有着神话传说和历史故事，虽然这些传说和故事在不同的地域有不同的内容，但总能传达中国人追求美好生活的品质和向往。比如元宵节的看花灯习俗，最早出现在汉代，据说是刘邦死后汉惠帝刘盈继位，大权却在吕后兄妹手中，后来周勃、陈平等人帮助惠帝的兄弟刘恒平定吕氏乱党，刘恒得以继位为汉文帝，汉文帝为纪念皇权回归，把正月十五这天定为与民同乐日，京城家家张灯结彩以示庆祝，那时还没有成为普及性的节日。到了唐代，中国文化和经济发展达到了一个高峰，元宵灯会成为上至皇亲国戚下至普通百姓都能参与的盛大节日，也形成了丰富多彩的"闹"元宵习俗。唐代诗人苏味道曾这样描写元宵之夜："火树银花合，星桥铁锁开。暗尘随马去，明月逐人来。"这就说明传统节日风俗具有时代性，在中国社会文明不断向前发展的进程中，不断充实着人们的精神文化生活，与时俱进地体现着不同的时代风貌。

三是敬奉先人的家国情怀。中国文化注重追源敬祖，中国传统节日作为中国文化的传承载体，传统节日的习俗很多都体现着这些理念。据统计，目前传承下来的全国性、地方性、民族性的传统节日有200多种，最重要的有春节、元宵节、清明节、端午节、七夕节、中秋节、重阳节"七大传统节日"，这七大节日中，每个节日都能追溯到中国起源的远古传说，而且有着不同源头的纪念故事，这些传说和故事都传递着中华儿女对祖先的感恩与思念。比如端午节，这也是我国第一个向联合国申报的非物质文化遗产传统节日，最早的时候是上古时期祭祀龙祖"飞龙在天"的原始崇拜，后来关于端午节风俗的故事，分别有纪念屈原因忧思百姓、钟爱祖国含恨投江的爱国主义情怀，有纪念14岁的女孩曹娥因为父亲在江里淹死找不到尸体，沿江昼夜寻找最后跳入江里寻找的忠孝德行。清明节，自周朝开始就以祭祀祖先为主题，后来融合了纪念介子推忠义之举的寒食节内容。介子推割下自己身上的肉救下危难中的晋文公后，谢绝晋文公的封赏，一心服侍母亲且隐居深山，在晋文公放火烧山的情况下也不出来做官，最后被烧死，晋文公因此下令寒食节全国禁止生火做饭，只吃冷食。

因此，中国传统节日在不断的演进中融合了许多文化因素，彰显了中华民族独特的风俗礼仪、民间信仰、伦理道德和人文思想，是我国灿烂文化的重要组成部分。

【故事悦读】

广寒宫：玉兔捣药传亲情

"天涯留影同一月，游子乡情寄桂宫。"每年的八月十五，是我国传统的中秋佳节，月圆时刻，不知有多少思乡和团圆的思绪相伴。月圆人团圆，或许是中秋节的应有之理。因此，每到中秋节人们记起更多的是，那些因种种原因，难以享受到月圆人全之乐的、略带有悲情色彩的浓情故事。

广寒月宫辉映的玉兔捣药传说，传承着舍小家、为大家的浓重亲情。很久以前，有一对修行千年的兔子，得道成了仙。它们有四个可爱的女儿，个个生得纯白伶俐。一天，玉皇大帝召见雄兔上天宫，它依依不舍地离开妻女，踏着云彩上天宫去。正当它来到南天门时，看到太白金星带领天将押着嫦娥从身边走过。兔仙不知发生了什么事，就问旁边一位看守天门的天神。听完嫦娥的遭遇后，兔仙觉得她无辜受罪，很同情她。但是自己力量微薄，能帮什么忙呢？想到嫦娥一个人关在月宫里，多么寂寞悲伤，要是有人陪伴就好了，忽然想到自己的四个女儿，它立即飞奔回家。兔仙把嫦娥的遭遇告诉雌兔，并说想送一个孩子跟嫦娥做伴。雌兔虽然深深同情嫦娥，但是又舍不得自己的宝贝女儿，这等于是割下它心头的肉啊！几个女儿也舍不得离开父母，一个个泪流满面。雄兔语重心长地说道："如果是我被独自关起来，你们愿意陪伴我吗？嫦娥为了解救百姓，受到牵累，我们能不同情她吗？孩子，我们不能只想到自己呀！" 孩子们明白了父亲的心，都表示愿意去。雄兔和雌兔眼里含着泪，决定让最小的女儿到月宫陪伴嫦娥。亲情就像荒寂沙漠中的绿洲，在与人为善的舍弃中，更彰显了这亲情的伟大、无私。

第三十讲
团圆生息的节日观念

唐代诗人王维有句诗——"独在异乡为异客,每逢佳节倍思亲",抒发了自己15岁离家求取功名在外漂泊两年,在传统的重阳节到来之际,思念家乡、思念亲人之情愈加浓重的心声。时至今日,王维的这句诗已经成为我们表达节日心声最常用的一句话,这是缘于传统节日有着早已融入我们血脉之中的精神观念,潜移默化影响我们现实生活的文化内涵,我们可以用"三个一"去概括理解,即:一个核心、一条主线、一个主题。

一、一个核心

一个核心,即传统节日形式和内容的统一,维系于以"敬祖"为核心的民族情感。从传统节日的类型看,从节气直接演变而来的节日,是人们顺应自然意识的延续;祈福纪念类的节日,是人们追求美好、缅怀祖先先贤的延续;信仰类的节日,是人们感恩祖先借助自然力量福荫子孙情感的延续。这里面饱含着人们对自然、对生命、对祖先的尊敬与崇拜,再以内容多样的节日习俗为载体,实现"敬祖"这一核心内容在先人和后人之间的循环延续。

从传统节日的仪式看，传统节日充分体现了中国的礼仪文化。在传统节日到来的时候，人们会通过系统而完整的节日仪式或其他庆祝活动进行纪念，使得节日更加体面庄重，节日的意义更加形象具体，实现人们对节日重要性、价值性的普遍认同。比如，我们的传统节日春节，无论是由原始社会庆贺丰收祭神敬祖的演变，还是对驱赶"年兽"避免侵袭的祈福传承，都充分表达着人们对大自然和祖先的敬重之情，而过春节留下的风俗，如给祖先摆供品是对祖先的祭奠敬祀，给长辈拜年是对亲人长辈尊敬的体现，放鞭炮、贴春联则是对中华先祖驱赶"年兽"佑护后世子孙功德的尊崇和纪念。中国的传统节日蕴含着深邃丰厚的文化内涵，这种慎重对待逝者、不忘追思祖先的观念和习俗，在几乎每一个节日中都有保留，人们在传统节日活动中，鞭策和勉励自己不忘根本、心怀敬畏，将自己对先人的无限敬意代代相传。

【拓展链接】

　　传统节日中所蕴含的民族文化的优秀传统，是对青少年进行思想道德教育的宝贵资源。教育行政部门要研究制定把传统节日教育纳入国民教育体系的具体措施和办法，把传统节日教育纳入学校教学活动之中，推动民族文化的优秀传统进课堂、进教材。要在思想品德、语文、历史等课程设计和教材中，进一步充实介绍传统节日的内容，加强民族传统节日文化知识的普及工作，增强学生对传统节日的认知和理解，让广大青少年更好地了解传统节日、认同传统节日、喜爱传统节日。

（摘选自《关于运用传统节日弘扬民族文化的优秀传统的意见》）

二、一条主线

一条主线，即传统节日体现的乡土观念，是贯穿在中国人意识深处、联结家国情感与民族气节的主线，是中国人心中永不磨灭的特有情结。中华民族自古以来就是安土重迁的民族，有着对祖先的传承不易改变的特质，这在传统节日上的体现，就是对中国人固守家园大地和热爱祖国山河的情感呼唤，这样的情感再经过中华诗文文化的艺术渲染，就借助节日文化的延续流淌进了一代代中华儿女的血脉之中。我们以元宵节为例，元宵节最早是人们乘着大地回春氛围合家团圆的节日，这本身就是人们在故土家园安居乐业的体现，而到了诗文里，元宵节又成为个人情感和家国情怀的融合。唐玄宗时期出现了"开元盛世"的盛唐景象，文人笔下的元宵节大地欢歌、万物生辉，像王维笔下的"上路笙歌满，春城漏刻长。游人多昼日，明月让灯光"。可一场"安史之乱"将盛唐盛世梦幻打得粉碎，人们叹家园流离失所、愁破碎山河何时再现生机的情怀在元宵节里愈加浓重，像白居易笔下的"忽看月满还相忆，始叹春来自不知"，李商隐笔下的"身闲不睹中兴盛，羞逐乡人赛紫姑"。可见，在传统节日里，变化的是不同时代的社会变迁，不变的是注重乡土观念的体现和中华儿女在不同时代家国不可分离的传统观念。

三、一个主题

一个主题，即凝聚中华儿女内聚力的团圆观念，是传统节日内容的永恒主题。很多的中华传统节日都是以团圆为主题的，这是因为在漫长的农耕文明发展进程中，社会结构是以家庭为基础的，合家团圆也就成了传统节日里中国人特有的心理追求和精神标识。比如春节之前的除夕，最重要的活动就是吃年夜饭，以此来表现中国人家庭成员之间的互敬互爱，增进家庭关系的亲密，表达对父母长辈的尊敬和感激。一个人不论身在何处，在这时候都要与家人共聚在一起。但"月有阴晴圆缺，人有悲欢离合"，总是有人因为各方面的原因，或是旅居在外，或是流离失所，或是国家危难，在除夕之夜难以与家人团聚共进年夜饭，那满心的孤独、满眼的乡愁、满怀的爱国忠诚就会愈加强烈，这种对团圆观念的恪守与坚持，也就成了中华儿女凝心聚力的情感纽带和内生动力。自从有了王维"每逢佳节倍思亲"的诗句，传统节日里家人团聚、共叙亲情更是成了后世中国人节日里的共同心声。有了节日的团圆就有了个人家庭的其乐融融，有了节日的团圆就有了祖国大家庭的繁荣昌盛，有了节日的团圆就有了民族传承的生生不息，这也是中国传统节日经过千年的传承却从未消失而且历久弥新的重要原因。

因此，中国传统节日，渗透在中国人日常的生活之中，丰富了一代又一代中华儿女不同时代的社会生活，记录着对中华先民生活观念的理解与继承，传递着中华民族自古以来的生命追求、伦理观念和情感寄托，以节庆的方式唤起中国人敬祖、团圆、乡情、亲情等文化记忆，是中华文明厚重历史和博大思想的缩影。

【故事悦读】

悲切凄婉七夕情

每年的七夕总有铺天盖地的诗词歌赋，去追评那对在"盈盈一水间""脉脉不得语"了千年万年的牛郎、织女。秦少游在感触这段悲欢离合的故事时，以绝词佳句的《鹊桥仙》，自由流畅地、通俗易懂地、婉约蕴藉地讴歌了向往美好爱情的千古绝唱。当人们吟唱"金风玉露一相逢，便胜却人间无数"，在葡萄架下偷听牛郎织女"柔情似水"的时候，真挚的"两情若是久长时"，在"佳期如梦"的时刻，真的就"又岂在朝朝暮暮"了吗？

七夕作为一个传统节日的流传，一开始就充满了凄凉的悲情，不小心却被现代的很多情感男女追捧成了"中国情人节"，就与中国的传统有点不相称了。与外国人相比，中国人在爱情面前多了些含蓄与隐晦，不像外国那样大胆外露，这些固然都是民族性格所致。因此，我倒是觉得中国人要真是成立个男欢女爱的节日，也应该叫作"夫妻节"才对。夫妻情感在中国更正统，"情人"二字相比之下就有点登不得大雅之堂了；或者说，"情人"根本就是被很多中国人所鄙视的；或者还可以说中国古代传颂至今的爱情故事，更多的是缺少完美、充满凄凉。

　　神话传说中所谓爱情故事，牛郎织女、七仙女下凡、白蛇许仙等，都是闪电般的一见钟情后，私订终身，仙凡结合，这中间更多的还应该是中国传承了数千年的相互忠诚的夫妻情感，这情感更多的两个角色的责任的最大体现，还真有点缺少人们思维中带有浪漫色彩的爱情。不过细数中国由古至今传承过来的爱情传说也好，情感故事也罢，与男女相关的总免不了充斥着大量的悲凉与凄切。曾经哭倒长城几百里的孟姜女，她的哭的来源不应该是与万喜良的恋爱，因为万喜良是在与孟姜女新婚三天后，被拉去修长城的，孟姜女既无与万喜良花前月下的恋爱经历，又无与万喜良耳鬓厮磨的长期生活，她有的更多的应该是"嫁鸡随鸡"理想破灭后生活无所着落的失望，有的更多的应该是家里"顶梁柱"突然失去的无依无靠。试想，在那个年代，出嫁的闺女就像泼出去的水，没了男人简直就无法生存，悲由心生就自然不难理解了。这要是也被作为刻骨铭心的爱是有点"牵强附会"了。

　　中国的古代爱情大都充满悲剧色彩，主要是由中国古代那些曾被鲁迅称为"吃人"的礼制所致，这种礼制下的悲情对象更多地又转嫁给了女人。《孔雀东南飞》中刘兰芝与焦仲卿共同生活中产生了和睦的夫妻情感，却被家长活活拆散，真可谓男女有情、情难善终。梁祝化蝶前，曾有几年的同学情感与十八相送的暗示，但可惜梁山伯在这方面有点像傻蛋一个,并没有明白祝英台的苦心。如果说这样的基于"两个男人"相处的情感可以直接转化为男女之情,那随后的被马文才的刻意欺凌中,梁山伯就有点不像男人了,懦弱的性格害了自己也害了祝英台,尽管最后有了死亦同穴的"化蝶"式的后人祝愿,但因为有"化装"在前、"软弱"在后,二人的那份情感仍然称不上是真正意义的爱情,或许称为"男人的软弱对女人的危害"更合适。

细细数数,中国古代的女子真是太可怜了,七夕节还真的不能叫作"中国情人节",如果中国的情人恋人之间都充满着牛郎织女式的悲凉,那就会有太多的"多情反被无情伤"了。南北朝三大才女之一的苏蕙传下了织锦回文《璇玑图》诗,轰动了那个混乱的时代。据说,《璇玑图》共有841字,目前统计可组成7958首诗,由此可以看出一代才女的才华横溢,但其中展现更多的是才女被抛弃的悲凉之情。苏蕙的丈夫窦滔恋上了能歌善舞、妩媚妖娆的歌伎赵阳台,就冷落了才高八斗的苏蕙,以后带着赵阳台去襄阳安南将军府上任,多年不归,音信断绝。苏蕙在扶风老家思夫心切,眼欲望穿,遂把自己的思念织成八寸见方的五色文锦,悱恻幽怨,一往情深,真情流露,跃然诗中,令人为之动容。虽说后来窦滔因此而回心转意,但被"新人"取代的"旧妇"又有几人能像苏蕙这样呢?

真爱难以得回报,总被无情伤太深。美丽、热情、心地善良、轻财好义的杜十娘心向李甲,倾心相爱,寄托终身,但所托非人,所爱之人在千金银两面前出卖了杜十娘的爱情,虽说最终杜十娘怒沉百宝箱赢回了自己的尊严,但她心中那份爱的伤害恐怕即使在深海江底也是难以平静的了。易安居士李清照词风词作在中国文学史上独树一帜,与爱人赵明诚也属于情投意合,但在政治党争面前却被活活拆散,隔河相望。即使有"生当作人杰,死亦为鬼雄"的豪气，但在饱尝相思之苦中，也免不了"冷冷清清，凄凄惨惨戚戚"的叹息。其他的，像昭君出塞和文成公主下嫁吐蕃的政治婚姻，虽说昭君和文成公主被千古传颂，但她们的爱情是否理想？她们的婚姻又是否幸福？作为工具的她们到底是牺牲品，还是又一个悲剧呢？

在那个被封建思想束缚的年代，没有人敢于因为爱情而群起攻之，有的也只是杜十娘式的苍白反抗，这不单单是女性的悲哀，更是男子的悲哀。因为在那样的社会生活中，经济基础决定着个人的社会地位，女性本身就是作为社会附属品出现的，她们附属在社会生活中的支柱男子的周围，一开始就没有男女平等可言。但男人在爱情面前也会无可奈何，像陆游在孝字当先的年代，平白放弃了唐婉的爱，当"山盟虽在，锦书难托"的时候，只能把"一怀愁绪，几年离索"，空喊"错、错、错"，却无可奈何，于事无补。还有侯方域与李香君，白居易与关盼盼，等等，大都是爱得荡气回肠却终难喜成眷属。

七夕节是一个以情感为主题，以女人为主角的传统节日，在传统的"男女授受不亲"的礼制下，中国的男女间发生现代式的浪漫情爱是没有基础的。那些传唱千百年的所谓爱情故事，更多的是表现了恪守双方对爱的承诺，而不是表达婚前情人或恋人的情感。在一年一度的七夕到来之际，我不愿意盲从于当前"中国情人节"的称谓，更不愿意刻意拿自家的传统宝贝与外国人胡乱地对比附会。我更愿意我们祖先留下的传统文化，能够被今人认真地接受下来，不断赋以新的精神和形式，让中国文化能够继千年而不堕，烘托出一个"前途似海、来日方长、与天不老、与国无疆"的"美哉少年中国"。

知识测试（十五）

1. 世界上编制和应用物候历最早的国家是 （ ）
   A. 中国 B. 埃及 C. 古巴比伦 D. 印度
2. 春节后的第一个节日，又称上元节的是 （ ）
   A. 清明节 B. 中秋节 C. 元宵节 D. 端午节
3. 被称为"中国情人节"的七夕节又称 （ ）
   A. 踏青节 B. 小正月 C. 乞巧节 D. 五月节
4. 以下哪个节日的主题不是团圆？ （ ）
   A. 春节 B. 元宵节 C. 清明节 D. 中秋节
5. 中秋节是每年农历的 （ ）
   A. 三月初三 B. 正月十五 C. 八月十五 D. 腊月初五
6. 以下哪个少数民族也过春节？ （ ）
   A. 回族 B. 藏族 C. 苗族 D. 彝族
7. 下列选项不是元宵节习俗的是 （ ）
   A. 吃元宵 B. 赏花灯 C. 舞龙舞狮 D. 贴窗花
8. 下列传统节日中，哪个来源于二十四节气？ （ ）
   A. 元宵节 B. 中秋节 C. 端午节 D. 清明节
9. 我国传统的清明节已有2500多年的历史，大约始于 （ ）
   A. 夏代 B. 商代 C. 周代 D. 秦代
10. 中国节日起源于 （ ）
    A. 神话传说 B. 季节划分 C. 天象变化 D. 传统历法
11. 物候历《夏小正》成书于 （ ）
    A. 商周时期 B. 春秋时期 C. 战国时期 D. 秦汉时期
12. 下列选项中反映自然时令变化的节日是 （ ）
    A. 冬至 B. 春节 C. 元宵节 D. 端午节

13. 寒食节是为了纪念下列哪位人物？　　　　　　　（　）

　　A. 屈原　　B. 伍子胥　　C. 介子推　　D. 曹娥

14. 下列不属于中国七大传统节日的是　　　　　　　（　）

　　A. 清明节　　B. 劳动节　　C. 七夕节　　D. 重阳节

15. 下列哪个不是与中秋节有关的神话传说？　　　　（　）

　　A. 嫦娥奔月　　B. 夸父追日　　C. 吴刚伐桂　　D. 玉兔捣药

16. 以爱老敬老为主题的传统节日是　　　　　　　　（　）

　　A. 清明节　　B. 端午节　　C. 中秋节　　D. 重阳节

17. 在传统节日中体现的中国人不变的特质是　　　　（　）

　　A. 团结重情　　B. 尊重自然　　C. 乡土情结　　D. 感恩情怀

18. 春节、元宵节、中秋节三大传统节日的共同主题是　（　）

　　A. 爱国　　B. 团圆　　C. 敬老　　D. 祭祖

19. 中国人谦恭品质的来源是　　　　　　　　　　　（　）

　　A. 敬　　B. 慎　　C. 仁　　D. 信

第六章

匠技匠心

第三十一讲
天人合一的建筑

中华文明是脱离野蛮状态之后,中华民族对所有社会行为和自然行为进行总结发展的历史积淀,遍布中华大地的古都、古城、古镇、古村、古街,留存的各个时期、不同风格的建筑、遗迹等,都是中华文化的物质载体,都是中华民族文化智慧和非凡创造力重要体现。

一、我们要了解中国建筑在中国历史发展中的存在意义

中国古人从未把建筑当成一门艺术,在中华文明的萌芽期,人们依靠天然洞穴遮风避雨、躲避毒蛇猛兽,大概在五千年前,中华先民才开始从穴居野外向文明居住转变,这中间大致经历了原始居住、秦汉建筑定型、两晋南北朝与佛殿建筑融合、隋唐巩固发展、元明清辉煌等五个阶段。因此,中国是世界上最早建筑房屋的国家,中国建筑独具匠心的特色风格也是让世界各国赞叹不已的。具体表现为:

一是中国建筑传承着我国古代人民劳动中创造的匠心智慧。我国最早发明房屋的是上古时期的一个原始部落首领有巢氏,他在多次爬到树上躲避野兽侵袭时，受树上鸟类筑巢的启示，发明了用树枝、树叶、木棍在树上搭建的巢室，现在中国南方多雨地区架在立柱上的杆栏式建筑就是对此的继承和发展。后来中国古人又学会了挖掘洞穴居住生存，像现在发现的"山顶洞人"，就是旧石器时代中华祖先长期在洞穴居住的见证。大约在炎黄时期，农耕文明开始发展，黄河流域平原地带，开始有了在地面上搭建的草棚，并伴随着生产工具的进步和农业、渔猎、畜牧业的发展，真正意义上的土木建筑房屋开始普遍出现，同一部落按照人口集中建筑相应的房屋群，外围设置防御外来袭击的壕沟和土墙，房屋功能上既有供部落召开会议用的大房子，也有仅供居住的小房子，还有供饲养牲畜的篱笆，甚至套房。因此，中国建筑是劳动人民在生存生活实践中的发明创造，是中国人民劳动智慧的结晶。

二是中国建筑标志着中华文明的发展进步。从夏商周时期开始，中国建筑开始形成独具特色的风格，比如洛阳偃师二里头发现的夏王朝都城宫殿建筑遗址，发掘出了中国最早的城市主干道网、最早的双轮车辙痕、最早的宫殿建筑、最早的中轴线布局建筑、最早的多院落宫室建筑群等多项"中国之最"。随着国家制度的建立和发展，建筑中开始反映国家制度下的人与人关系，官府设置了专门管理工程的官职，不同身份的人在享用建筑的规模上出现了差别。到了秦汉时期，皇家具备了便于集中人力、财力、物力的条件，大规模高水平的建筑随着社会的发展得以不断出现，逐步形成了三大建筑特色，即：整体布局围绕中轴线，讲究对称；单体房屋注重方正造型，南北正向建造；建筑材料以土木为主，辅以泥土烧制的砖瓦。可见，房屋建筑在给人们提供安全居住场所的同时，为社会文明的发展创造了条件，是社会文明的物质体现和标志。

三是中国建筑传达着中华文化的内涵。在中国建筑发展的过程中，中国人从文化的角度对建筑风格进行完善。比如宋代以后，城市经济和文化面貌发生变化，建筑在功能上更加注重与文化生活的相适宜，注重建筑与自然的完美结合，庭院中往往布置花木，追求诗意、精致的居住氛围，在建筑类别上出现了亭、台、楼、阁、庙、宇、殿、堂的细致分类，中华文化的诸多价值理念和精神追求，通过建筑风格得以直接表达、体现。

【拓展链接】

1944年，梁思成在四川宜宾完成《中国建筑史》一书，这是第一本中国人自己编写的建筑史书。全书分古代中国建筑、近代中国建筑、现代中国建筑三部分，每一部分除对发展概况进行综述外，重点对城市建设与各类型的建筑作了分章论述。其中古代建筑部分所占分量较重，内容较系统、全面，对木构建筑特征和清式建筑做法也辟有专章介绍。近现代建筑部分则着重于建筑发展的概括论述和典型实例的分析，使读者对近现代中国建筑的发展有一个完整而具体的了解。为了使读者获得更丰富而形象的相关信息，如今发行的《中国建筑史》还配有光盘，收录古代建筑重要实例的彩色照片约千幅。

二、我们要了解中国传统建筑蕴含的人文思想

一是强烈的礼制伦理观念。在我国古代，礼制以其普遍化、强制化、规范化特点，渗透在社会生活的各个领域，这体现在建筑方面，就使建筑成为传统礼制的象征和标志。大到城市、建筑组群、庙坛、宫殿、庭院、屋顶形式及门面，小到斗拱、门槛、

门钉、装饰颜色等,都纳入了礼制的规范,反映了现实生活中的人伦关系。比如福建土楼,其结构特点是整体严整合一、中轴对称,整栋楼里一般居住一个家族家庭,楼层分布主次分明,房舍根据"长幼有序""男尊女卑"的原则安排,体现着鲜明的等级、尊卑、主仆等礼制观念。

二是"和而不同"的处事原则与"道法自然"的自然观。中国建筑既重视建筑形式的多样和美观,又注重单体空间的合理布局安排,善于将不同的功能在建筑中综合体现,达到既便利使用又和谐统一的效果,这就是"和而不同"的体现。同时,中国自古是一个幅员辽阔的国家,人们在自然环境、生活习惯上存在很大的差异,因此建筑的方法也存在不同。比如北方多依据黄土的特性夯土筑墙、烧砖建房,南方则多依据地貌和气候特点使用竹木就地取材建房,在尊重自然规律的基础上建造出不同艺术效果的建筑,这既有"和而不同"的观念,又有"道法自然"的价值取向。

三是追求温馨和谐的家庭观。传统的普通家庭建筑大都是院落式建筑,人们居家一起生活在自己的自由小天地里,尽享天伦之乐,是调剂家庭关系、增进家族亲情的有效空间,这既是建筑对人伦家庭观的体现,也是人们普遍的家庭追求。

三、我们要了解中国建筑的"天人合一"理念

中国建筑"天人合一"的营建理念,主要体现在建筑选址注重依山傍水、顺应天时地利,建筑材料就地取材或利用自然条件发明创造,建筑风格强调布局合理、与周边环境相适应,居住功能追求舒适等四个方面,同学们可以通过查找相关资料进行深入了解和学习。

【拓展链接】

福建土楼,分布于福建和广东两省,产生于宋元,成熟于明末、清代和民国时期。土楼以石为基,以生土为主要原料,分层交错夯筑,配上竹木作墙骨牵拉,丁字交叉处则用木定型锚固。2008年7月6日,福建土楼在加拿大魁北克城举行的第32届世界遗产大会上,被正式列入世界遗产名录。

福建土楼是大型民居建筑,遵循了"天人合一"的东方哲学理念,以土、木、石、竹为主要建筑材料,就地取材,选址或依山就势,或沿循溪流,建筑风格古朴粗犷,形式优美奇特,尺度适当,功能齐全实用,与青山、绿水、田园风光相得益彰,组成了适宜的人居环境以及人与自然和谐统一的景观。

图6-31-1·土楼(摄于福建土楼)

因此,中国传统建筑具有因地制宜的实用性与高度的技巧性,是物质化的中华文化,比如以四合院为代表的民居,以北京故宫为代表的宫殿,以长城为代表的城墙,不仅是人类建筑史上的杰作,更是中华文化的重要载体。

【故事悦读】

文峰塔：因风水天人皆大欢喜的传说

文峰塔，位于洛阳市老城区，是近几年走红"洛邑古城"的主要景点，塔身九层，通体用青砖砌成，始建于宋代，今塔系清初重建，是洛阳地区现存为数不多的古塔之一。

据传，北宋年间，西京洛阳留守衙门里来了位白发长须的老人。老人相貌清俊，举止飘逸，对留守官员说："山人过此，看隋唐故都北据邙山，南对伊阙，洛水贯都，有河汉之象，确是帝皇之宅、王者之里，前人选都不谬也！当今城池较前虽小（主要指今老城一带），然背山面河，山平河清，依然是王气浓郁、天造地设的帝都！"

这留守官撇撇嘴角，摇头晃脑心想：这还用你说，谁不知当朝太祖、太宗皇帝就诞生在洛阳！

"不过，"老人看了一眼留守官，一字一顿地说，"依山人看，眼下的城池也有不妥不妙之处：地势西北高隆，东南低凹，城中勃勃生气易沉积东南，顺河宣泄；再则，地势失去平衡，轻重不稳，亦难保地面长久平安……"

"啊？"留守官这下慌了，站起来，探过身子急切问道，"有无办法纠正？"

留守官最怕失了王气，皇上怪罪，丢了城池，富贵难保！

老人将将银须，扫一眼周围的文武官员朗朗一笑："不难！山人正为此而来。

"可在城池最低的东南角建一高塔，塔顶与城内最高的西北角成一平线。如此，高低相抵，构成平局，宣泄的生气可以得到堵聚留持，倾斜的地面不会再失重倾覆……"

"建塔最好！建塔最好！"一旁的文官听着听着，忽然失声插话。原来，这文官日常就想，当朝洛阳虽然也人才荟萃，有二程兄弟、富弼、司马光、吕公著、邵康节诸贤，但总不及隋唐时名流贤士会聚之多。莫非，就是因为这老人说的道理，城池繁华处缩小在这洛河北岸，失了平衡？跑了文气？

这文官看上司也没为自己失态生气，干脆壮着胆子进言："洛阳历代名贤辈出，人文荟萃，当朝更是人才济济，故建一供奉文昌帝君的灵塔确有必要，何况，城南三门，东边门名'兴教'，在东南角建文塔更是符合天意人愿了！"

留守官眼一骨碌，坐回椅上琢磨开了。这边，负责守城的武官也转开了脑瓜：本朝以来战事不断，真要有外敌或匪盗之类兵临城下，这城内没个登高望远处也不成呀！于是，武官也站起发言："是得建塔。"

留守官不犹豫了，拍板定案："立即建塔！"

这时，众官员的眼光又转向银须老人，可是愣住了：老人早没了踪影。

于是，选工匠，征劳力，眨眼在城东南角的护城河旁建起了这座高塔，塔顶恰好和西北隅的地势相平。第一层，供起了负责功名利禄的文昌帝君，两旁再塑上他的侍从"天聋""地哑"（民间传说，用聋、哑于侧，使其知者不能言，言者不能知，天机弗泄也）管登记簿册之类。第二层，塑上北斗七星之第一星的魁星，他的官职虽没文昌帝君的大，然也算主文运的官员，敬上总比不敬强，礼多神不怪吧！当然，那时的魁星相貌英俊，毕竟是天上的星宿，可不像后人供奉的那个青面赤发鬼。

塔共九层，一至八层，全是朝北开一弧形拱门，以聚敛城中南来之气接受居民供奉香火。第九层四面开门，便是应武官所嘱，以供四周巡望。

其实,那位白发长须的老者是此处的地仙变化的,正是看到了此处风水中的缺陷,怕因此影响了自己的仙运,所以才变化来指引建塔。文塔建成后,天上派下来的地仙和此处的文官武将皆大欢喜。因塔在居民平房丛中挺起如峻峰,于是叫成了"文峰塔",大家也都盼着洛阳文化昌盛、异峰突起吧!

(摘选自寇兴耀、程苏丹《洛阳名胜古迹传说故事》)

第三十二讲
山水情怀的园林

叶圣陶先生写过一篇名为《苏州园林》的文章，让人不管是否去过苏州，都能感受到"无论站在哪个点上，眼前总是一幅完美图画"的园林美景。中国人向往山水自然的生活环境，许多无法真正生活在自然山水之间的人，往往会通过园林寄托诗情画意的生活方式，这就让园林在发展中融合建筑、文学、书画、雕刻、工艺等多种艺术，成为人化的自然和诗化的自然，在世界园林史上独树一帜。

中国园林长期以皇家修建为主导，一直到现在，我国保留下来的历史园林中，比如河北承德避暑山庄、北京颐和园，其恢宏壮丽的气势与巧夺天工的艺术仍然让人叹为观止。据文献记载，商王朝时期，开始兴建供君王狩猎的场所，这就是园林最早的雏形。西周开始，君王的这种狩猎场所规模扩大，并开始修建供君王休息的建筑。汉武帝以后，平定了匈奴之患，社会趋于稳定，皇帝狩猎的园林不但有了一应俱全的宫、殿、台、馆，而且辅建了相应的山、水、林、木等人工自然景观，从而让皇帝拥有真实的狩猎生活感受。之后的很长一段时间，园林建筑都是皇家和王公大臣的专利，因为只有他们能够支配巨大的人力和财力。随着经济的繁荣和商业的发达,财力雄厚的大商贾开始出现,他们富可敌国,生活的豪华程度超越了王公大臣。比如西晋"石崇斗富"的故事,富豪石崇曾和晋武帝的舅舅王恺比试到底谁更富足,从吃穿用到车马庄园,一时两人不相上下。晋武帝为了让舅舅胜出,就把一棵二尺多高的国宝珊瑚树拿出来,谁知王恺拿给石崇看后,被石崇随手打碎,并把家里一些三四尺高的珊瑚树拿出来让王恺挑。两晋南北朝时期是中国历史上继春秋战国之后思想奔放的又一个高峰,主流思想已经从"儒家独尊"变为"儒、道、佛"三家争鸣,人们的社会生活突破了之前的严格等级传统,富甲商贾们开始兴建私家园林,享受皇家范儿的生活。东晋时的富豪顾辟疆建造了以自己名字命名的"辟疆园",这也是我国最早的私家园林。同时,随着这一时期佛道文化的兴盛,佛家寺院和道教道观香火旺盛,为满足礼佛、礼道人众需要,寺观园林也开始层出不穷,形成了皇家园林、私家园林、寺观园林同步发展的局面。自此,中国园林在追求山水情怀和崇尚清新自然的发展道路上,通过中国人独具匠心的再创造,用有限的空间再现自然无限的意境,为体现人与自然关系的艺术化园林,赋予中华文化的内涵,造就了五千年中华文明史上的艺术珍品。

【拓展链接】

中国四大名园,是指中华人民共和国国务院公布的第一批全国重点文物保护单位中仅有的四座中国古典园林,它们被公认为中国最优秀的园林建筑。

拙政园:位于苏州古城区东北楼门内的东北街,明正德四年(1509年)由御史王献臣始建,是苏州园林中的经典作品。

颐和园:位于北京市海淀区境内,距天安门20余公里,占地

290公顷。中国现存最完好的古代园林。

避暑山庄：位于河北省承德市中心区以北，武烈河西岸一带狭长的谷地上，距离北京230公里。中国现存最大的园林，占地面积564万平方米，宫墙周长约20里，比北京颐和园大了近一倍。

留园：位于苏州阊门外，明万历年间太仆徐泰时建园，时称东园，清嘉庆时归观察刘恕，名寒碧庄，俗称刘园。同治年间盛旭人购得，加以扩建，修葺一新，取留与刘的谐音改名留园。1997年列入世界遗产名录。

明朝园林家计成有个观点——"虽由人作，宛自天开"，就是说园林的精妙之处在于，它虽然是人工创造的艺术景象，但其呈现的景色却如大自然的产物一样真实，强调园林建造追求的效果是顺应自然，将人为的美融入自然，成为大自然浑然天成的一部分。那么，中国园林具体有哪些独特之处呢？

一、"天人合一"的自然崇拜

在中国人的意识里，大自然是一个生命整体，由局部到整体，各种事物密切关联，人是这个机体中的一部分。中国园林因为是在相对有限的空间展现人与自然和谐的景象，建筑分布较为密集，其中建筑与自然要素的空间是相互渗透的，既有景观的联系，也有空间场所的联系，这种联系反映了自然对人的赋予，也表明了人对自然的依赖。

二、仿自然山水格局的景观类型

中国园林是风景式园林，是人们在一定空间内，经过精心设计，运用各种手法将山、水、植物、建筑等加以构配，组合成的源于自然又高于自然的有机整体，将人工美和自然美巧妙结合，

图6-32-1·二十四桥仍在（摄于扬州瘦西湖）

不论是追求恢宏气势的皇家园林，还是追求清幽意境的私家园林，都注重自然造化的建造原则，使中国园林成为对自然山水的寄情与追求。

三、诗情画意的表现手法

中国园林讲究自然美和艺术美，园林的叠山理水，要追求宛若天成的效果，园林里的山水同样要有脉源相通的生动艺术体现，特别是唐宋以后，诗情画意一直是园林设计思想的主流。如唐代诗人白居易在洛阳龙门山居住时建造的白园，曾经是水池有三岛、池中种白莲、岛上有小亭，池岸曲折，小路穿林，充满着典雅精致，是主人追求诗情画意的景观体现。

四、委婉含蓄的内涵之美

中国园林以自然界的山水为蓝本，由曲折之水、错落之山、通幽之径、参差之石、幽奇之洞等构成荟萃自然的建筑环境，并将中华民族的性格、文化融入其中，以内涵之美让人借景生情、托物言志，足不出户就能领略多种风情，在潜移默化中受到大自然的陶冶和艺术的熏陶。

五、层次循序渐进的巧妙构思

园林是建筑具有自然风趣的环境艺术，是自然的艺术再现，讲究因地制宜，巧妙借景，让相应的景观布置有开有合，相互穿插，以增加园林内各景观的联系和层次感。为了达到这种效果，往往在山上不同的位置修建亭子，会在水上不同的位置修桥，并且亭子和小桥造型各异、绝不雷同、各有风致，让人置身园内移步换景，感受万千变化的景色风光。

总之，中国园林是中国人以富有情趣的方式将自身与自然和谐关系浓缩在建筑上的智慧创造，是中国人追求山水情怀、自然生活的物质寄托。

【故事悦读】

瓮山铡草：颐和园深处的逸闻趣事

北京的名胜园林，是古城北京的宝贵财富，主要特色是有深厚的历史积淀和相当多的人文内容，史实、逸闻和趣事正是北京园林特色的体现。

颐和园是在清漪园被焚后修建的，在清漪园之前，这里是西郊的荒山和湖泊，山称瓮山，湖称西湖，后改称为昆明湖。殊不知，在未开发为皇家园林之前，这里曾是犯罪太监的劳改监狱。

清王朝吸取明王朝垮台的教训，对宫中的太监管理甚严，不允许太监参政、议政和干涉朝政。清初，多尔衮当政时，太监禁止经手皇宫收入和参加朝会。顺治为抗衡多尔衮，成立"十三衙门"，太监的地位有所提高,当然只是昙花一现。

清宫中的太监,除安德海、李连英、崔玉贵、小德张之外,大多数被视为"会说话的牲口",命运很惨。对于被认为有错、有罪的太监,无论是"莫须有",还是"罪证确凿",处分都是很严厉的。在清人所著的《养吉斋丛录》中,就有太监获罪后"交内务府用九条链锁之者","有发瓮山铡草者",而且"有圈禁瓮山永不释放者"多种刑罚,足见对太监的残忍。

瓮山虽然山清水秀,但是在没有辟为皇家园林之前,却是比较荒凉的,清宫上驷院在这里设立了驽马厩,为皇室饲养御马。据《大清会典》记载,这里常年饲养240匹马,因而在清初时,一些被疑为有罪的太监会被罚在这里铡草喂马。

太监的"劳改"生活环境是很恶劣的,除缺衣少食外,还时时受到鞭打,过着牛马不如的日子。一些太监在铡草时,还要身披铁链,时常有服苦役的太监自杀和逃亡。逃亡者被抓回来后要按大清律法严刑拷打,并"圈禁瓮山永不释放",成了"无期徒刑"。

乾隆十六年,乾隆为了给母后庆六十大寿,将瓮山改名为万寿山,在这里建了大报恩延寿寺,称清漪园。在皇家园林中再设"劳改营"自然有些不协调,于是皇恩浩荡,大发慈悲,将"瓮山铡草"的太监迁到别处去受折磨了。

当瓮山铡草的太监被迁走一百多年之后,颐和园内又监禁了一个特殊人物——光绪。戊戌变法失败后,他被监禁在玉澜堂里,享受孤独,备受折磨。好在西太后开恩,没有罚光绪这个倒霉的皇帝去铡草喂马。

历史有辉煌的一面,也有悲怆的一面。今天,在欢歌笑语的颐和园内,知道"瓮山铡草"典故的人肯定不多了。旧事重提,虽无"忆苦思甜"的动机,但让人们知道往事也是有益的。

在瓮山铡草和圈禁光绪的悲惨故事之外,在颐和园内还发生过其他事，亦是该园逸闻趣事不可或缺的。如在清廷垮台之后，为搞活经济，颐和园内出现的"渔业公司"就很好玩，也是现在去那里游逛的人想象不出来的。

  1925年前后，颐和园昆明湖被租给辛亥革命元老马降生，马降生开了个渔业公司贩卖昆明湖鱼。据近代学者周肇祥所著的《琉璃厂杂记》记述，昆明湖的鱼里不少是珍品，而且多异种，如朝鲜贡的蓝麟红尾大腹鱼及壁虎鱼、猴鱼、阿拉善鱼、青海尖口鱼、西藏比目鱼等。其中湖中有许多放生的鱼，有的老鱼"巨如猪"，这种鱼当年无人敢买敢吃。马降生为扩大经营，每年要买大量鱼苗，不过他不是行家里手，投放鱼苗不赚光赔，且合伙股东也营私舞弊，渔业公司没几年就倒闭了。

（摘选自张双林《被遗忘的园林轶事》）

知识测试（十六）

1. 中国传统建筑最突出的观念是 （ ）
   A. 左右对称　B. 天人合一　C. 浪漫轻巧　D. 天井四合

2. 哪种建筑是文明发展的标志？ （ ）
   A. 房屋　B. 园林　C. 寺庙　D. 碑林

3. 夏商周时期出现的专门管理工程的官职是 （ ）
   A. 司马　B. 司寇　C. 司农　D. 司空

4. 中国传统建筑的鲜明风格，从建筑的整体布局上看 （ ）
   A. 正南正北　B. 土木为主　C. 中轴线显著　D. 注重方正

5. 最能体现中国传统建筑风格的建筑是故宫和 （ ）
   A. 园林　B. 土楼　C. 四合院　D. 阁楼

6. 中国古代最完整、内容最丰富的建筑技术书籍是 （ ）
   A. 周礼《考工记》　B. 宋代《营造法式》
   C. 宋代《木经》　D. 清代《工程做法则例》

7. 最能表现"天人合一"思想的建筑是 （ ）
   A. 北京四合院　B. 福建土楼　C. 苏州园林　D. 江南民居

8. 我国最早的园林雏形"苑"出现在什么时期？ （ ）
   A. 夏朝　B. 商朝　C. 周朝　D. 春秋

9. 我国保存最完好的古代皇家园林是 （ ）
   A. 上林苑　B. 苏州留园　C. 颐和园　D. 小方壶园

10. 诗句"曲径通幽处，禅房花木深"形容中国园林建筑的哪种美学效果？ （ ）
    A. 内涵美　B. 层次美　C. 实用美　D. 人文美

11. 既是人类居住文化和文明的体现,又是体现文明程度的重要标志物之一的是 （ ）
   A. 饮食　　B. 建筑　　C. 园林　　D. 服饰

12. 世界上最早建筑房屋的国家是 （ ）
   A. 英国　　B. 埃及　　C. 印度　　D. 中国

13. 中国建筑从建筑材料上看,取材多是什么?同时辅以用泥土烧造成的砖瓦。 （ ）
   A. 水泥　　B. 土木　　C. 石头　　D. 钢筋

14. 中国佛教从哪个国家传入?但中国佛教建筑却完全是中国化的。
 （ ）
   A. 印度　　B. 泰国　　C. 日本　　D. 越南

15. 世界五大宫殿之首是 （ ）
   A. 凡尔赛宫　　B. 克里姆林宫　　C. 故宫　　D. 白宫

16. 北京故宫的布局沿南北中轴线布置,依照的礼制是 （ ）
   A. 前寝后朝　　B. 前朝后宫　　C. 前宫后寝　　D. 前朝后寝

第三十三讲
衣冠里的丝绸之路

在中国人的传统意识里，穿衣着装是一件非常重要的事情，现实生活中常常会有人因为穿着不得体而被人嘲笑，在数千年的历史发展中，穿不穿衣服、穿什么样的衣服、如何搭配衣服，始终是人们衡量文明与野蛮、高雅与低俗、明理与无知的重要标准，这就是衣冠服饰在中华文明中的特殊地位体现。我们可以从三个方面认识中国衣冠服饰的文化意义。

一、衣冠的产生是人类区分文明与野蛮的标志

人类是动物进化的成果，早期的中国人也是从赤身裸体中走来的，但人是有意识的高级动物，在尚未出现纺织技艺的远古时代，人们想到了用树叶、兽皮等遮体避寒。在北京周口店山顶洞人的生活遗址里发现了原始人用来缝制的骨针，这显示在距今1.8万年前原始中国人就有了原始形态的衣服，骨针应该是他们在缝制兽皮或其他材料时发明的。《周易》里有"黄帝尧舜垂衣裳而天下治"的记载，这说明中国从黄帝时期不但有了制作衣服的实践，而且有了通过相应的服饰礼制管理社会的实践。这与文献记载的一些传说也是吻合的，比如黄帝的大臣胡曹发明了制作衣服的方法，黄帝的妻子嫘祖发明了抽丝技术用来制成制衣材料，黄帝本人发明了头上戴的帽子并教会人们把衣服裁开分别穿在上下身，从这时开始，中国人的穿衣戴帽习俗不断改变，中国社会逐渐走向文明。

二、中华衣冠之美随着文明的进步体现了文化发展的成果

在服饰完成了最初的保暖御寒、遮体掩羞的使命之后，人们在对美好生活的追求过程中，运用不断发明出来的新技术、新成果，对服饰加以装饰美化，逐步将服饰与文化融合了起来。比如服装的纹饰之美，在商代的时候以菱形、回形等几何纹理为主，强调韵律美；周代的时候多用日、月、星、辰等纹饰，体现了人崇尚自然的审美观；隋唐时期，服饰材质和风格多种多样，绘画色彩搭配与图案融入服饰纹饰，是物质文明与精神文明高速发展下人们审美意识的进步体现。同时，随着社会发展，服饰的款式变化也体现了多民族文化的融合发展。比如春秋战国赵武灵王实行"胡服骑射"，用胡服短衣便于运动的特点改进服饰款式，对汉族人

图6-33-1·唐仕女图（手绘）

提高骑马射箭技术水平是很大的促进。到了南北朝时期，少数民族开始了在中原地带的政权统治，汉族和其他少数民族之间文化进一步互通，服饰款式变化更大，对促进中华民族文化大融合起着非常重要的作用。

三、中华衣冠蕴含着中华礼乐文化的内容

周朝时期，随着周公制礼将各种礼制确立，人们在区分和体现地位等级差别的时候，主要以服饰为标志，上至天子下至庶民有着不同的服饰穿着，形成了"礼乐衣冠"的礼制体系。比如当时的王公贵族可以穿着丝质服饰，而平民则只能穿麻布服饰，因而后来就有了把平民百姓用"布衣"代称的说法。随着封建等级制度的发展，服饰的纹饰、颜色、图案均体现了礼制化，如帝王可以穿着象征九五之尊地位的五爪龙袍并独享黄色，而王公贵族最多可以穿其他颜色的四爪蟒袍。后来，衣冠的礼仪在文化思想的推动下，与个人的品行联系起来，根据不同场合、时间及人际交往的目的，要遵守不同的着装规范，以体现个人的修养与品德，比如孔子曾说"君子正其衣冠"，就是把着装的表现作为衡量君子的外在标准。

【拓展链接】

灵公虐，赵宣子骤谏，公患之，使鉏麑贼之，晨往，则寝门辟矣，盛服将朝，早而假寐。鉏麑退，叹而言曰："赵孟敬哉！夫不忘恭敬，社稷之镇也。贼国之镇不忠，受命而废之不信，享一名于此，不如死。"触庭之槐而死。

（摘选自春秋左丘明《国语》）

> [译文]晋灵公暴虐无道,赵宣子多次劝谏,以致灵公很讨厌他,于是派力士鉏麑去暗杀赵宣子。清晨,鉏麑前往赵府,看见卧室的门已打开,赵宣子把朝服穿得端端正正,正准备上朝,因为时间还早,坐在那里闭目养神。鉏麑立刻退了出来,感叹道:"赵宣子真恭敬啊!不忘恭敬的人,是国家的栋梁。杀害国家的栋梁,就是不忠;接受了国君的命令而不执行,就是失信。要蒙受不忠、不信两个罪名中的一个,还不如自己死了的好。"于是,就一头撞死在院子里的槐树上。

中华衣冠文化的发展离不开中国丝绸,丝绸材质的服饰历来是服饰中的精品。因此,学习中华传统文化必须了解中国的丝绸。

【拓展链接】

两千多年前,我们的先辈筚路蓝缕,穿越草原沙漠,开辟出联通亚欧非的陆上丝绸之路;我们的先辈扬帆远航,穿越惊涛骇浪,闯荡出连接东西方的海上丝绸之路。古丝绸之路打开了各国友好交往的新窗口,书写了人类发展进步的新篇章。中国陕西历史博物馆珍藏的千年"鎏金铜蚕",在印度尼西亚发现的千年沉船"黑石号"等,见证了这段历史。

古丝绸之路绵亘万里,延续千年,积淀了以和平合作、开放包容、互学互鉴、互利共赢为核心的丝路精神。这是人类文明的宝贵遗产。

(摘选自习近平在"一带一路"国际合作高峰论坛开幕式上的讲话)

首先,中国是世界上最早养蚕和发明丝织品的国家。据考古和文献记载,黄河流域的仰韶文化遗址出土了产于大约在公元前

3500年的半个桑蚕，殷商的甲骨文和青铜器上也有关于蚕丝的文字记载和桑丝纹饰的雕刻，中国古代劳动人民发明了养蚕缫丝技术，用勤劳和智慧在中华文化中留下了重要的印记，大量文学作品有对古代劳动人民采桑、养蚕劳动场景的描绘，如春秋时期的《诗经》、南北朝的乐府诗等等；春秋战国时期，种植农桑是衡量一个国家经济发展的标志，桑丝制品大量出现，丝绸开始用于服饰的制作，穿着丝绸服装成为当时社会人们身份尊贵的象征。

其次，高超的纺织工艺也是我国人民劳动智慧的体现。例如，最早的时候人们是用手工将丝线制成布匹等制品的；西汉时没留下姓名的陈宝光妻子发明了提花织布机，让丝织品上能够印上花纹图案；宋朝时黄道婆发明了世界上最先进的三锭纺车，大大提高了纺织效率。

最后，丝绸文化表达了人们对美的追求。在不同的朝代，丝织品因为人们审美的风格不同体现了不同的文化特色，它集实用性、装饰性和艺术性于一身，用于与衣冠服饰相关产品的制作，生产出了大量精致绝美的丝绸制品，表达了人们对美好生活的向往。同时，丝绸的发展，也是中华文化对外交流的见证，从张骞出使西域开辟中西文化交流的"丝绸之路"开始，中国丝绸走出国门，深受西方人的赞叹和喜爱；中国商人也通过"丝绸之路"将外国文化融入中国文化之中。因此，中国丝绸是中外贸易和文明交流的桥梁和纽带，是千百年来中华文明的"文化使者"。

【故事悦读】

周穆王：最早打通"丝绸之路"的人？

有可靠记载的最早到西域的人是谁？换句话说，最早打通古丝绸之路的人是谁？从先秦古籍《穆天子传》的记载来看，应是周穆王姬满。

周穆王是西周在位时间最长的一位君主,也是早期最有为的君主之一。周穆王在位时曾定法典,征外夷,拓疆域,中国流传最早的法典《吕刑》即为周穆王颁布。周穆王西征西巡,更是他在位时的伟大政绩。

周穆王西巡事迹见于《穆天子传》,此书发现于西晋太康元年(281年)。一个叫不准的盗墓者盗于河南汲县境内的魏塞王家,意外盗出了大量先秦时期魏国的竹简,《穆天子传》即为其中之一。

《穆天子传》前五卷记载周穆王南征北战的事迹,而后周穆王由柏天做向导前往西域,拜会西王母。周穆王为什么要西巡?除了"见西王母"之外,光大王室,稳定西部边疆,以维护和巩固周王朝是其重要动机。为此,除了一次西巡处,周穆王还两次西征。

周穆王西巡时,"命驾八骏之乘",由著名车夫造父(秦始皇的先祖)、离裔驾车,率六师之众向西巡狩。到达昆仑山时,还特地登山,看了黄帝在这里的下都宫,又带着白圭、黑璧、锦帛等礼物,拜见了居住在这里的西王母。第二天,周穆王还在瑶池之上宴请了西王母。宴会上,西王母为周穆王演唱了一首歌:白云在天,丘陵自出,道里悠远,山川间之,将子无死,尚能复来……周穆王也即兴高歌唱和。

西王母曾是《山海经》里提到的神话人物,《西游记》称为王母娘娘。周王所见的西王母,应该是尚处母系社会的西域部落女首领,而非神话中的王母娘娘。周穆王游视西王母乐而忘归。离开前,他还特地在西王母居住的山上题写了"西王母之山",并栽下一棵"纪念树"——槐树。

有现代学者据《穆天子传》所记推测出周穆王西巡的大致路线:北渡黄河,翻太行山,过滹沱河,出雁门,抵达包头又过贺兰山,经祁连山、天山北路到达乌鲁木究(西王母之邦),又北行至今哈萨克斯坦境内，返回时走天山小南路。

周穆王所走的这些线路正是古丝绸之路南道的一部分，有学者因此认为周穆王是打通古丝绸之路的第一人，而不是后来西汉的张骞，张骞只是重新打通，恢复了中原与西域的联系。

周穆王西巡一事过去一直被当成神话小说，其实应该是被神化或小说化了的史实。《左传·昭公十正年》便曾提到此事，但认为周穆王西巡是出于个人动机："昔穆王欲肆其心，周行天下。"旅游界据此认为，周穆王是中国有记载的最早的旅游达人。

周穆王所到的"昆仑山""瑶池"到底是哪里，学术界有很多不同看法，有的认为是祁连山，有的认为是今酒泉市境内的南山，还有的认为是敦煌附近的三危山。而瑶池有的说是新疆的天池，有的认为是三危山下的月牙泉。而在今甘肃东部的平凉市泾川县境内有一座"回山"，传说曾是因当年周穆王与西王母作别后，频频回头观望而得名，山上有"王母宫"，山下有开凿于北魏时期的"王母宫石窟"。

（摘选自倪方六《古丝绸之路上的三大传说》）

第三十四讲

四方会通的舟车

2013年9月、10月,习近平总书记访问哈萨克斯坦和印度尼西亚时,分别提出了建设"丝绸之路经济带"和"21世纪海上丝绸之路"的倡议,这就是"一带一路",旨在借用中国古代丝绸之路的符号,与沿线国家共同打造在政治、经济、文化上的利益、命运、责任共同体,重现丝绸之路连接中外经济文明交流的辉煌。而古代中国丝绸之路的开辟,很大程度上得益于舟车的制造工艺和技术,舟车就是船舶和车辆,下面我们就来了解我国制造车和船的悠久历史及作用。

【拓展链接】

宋子曰:人群分而物异产,来往懋迁以成宇宙。若各居而老死,何藉有群类哉?人有贵而必出,行畏周行;物有贱而必须,坐穷负贩。四海之内,南资舟而北资车。梯航万国,能使帝京元气充然。何其始造舟车者不食尸祝之报也?浮海长年,视万顷波如平地，此与列子所谓御泠风者无异。传所称奚仲之流，倘所谓神人者非耶？

（摘选自明宋应星《天工开物》）

> [译文] 宋先生说：人类分散居住在各地，各地的物产也是各有不同，只有通过贸易交往才能构成整个世界。如果大家彼此各居一方而老死不相往来，还凭什么来构成人类社会呢？有钱、有地位的人要出门到外地的时候，往往怕走远路；有些物品虽然价钱低贱，却也是生活所必需，因为缺乏也就需要有人贩运。从全国来看，南方更多是用船运，北方更多是用车运。人们凭借车和船，翻山渡海，沟通国内外物资贸易，从而使得京都繁荣起来。既然如此，为什么最早发明并创造车船的人，却得不到后人的崇敬呢？人们驾驶船只漂洋过海，长年在大海中航行，把万顷波涛看成如同平地一样，这和列子乘风飞行的故事没有什么不同。如果把历史书上记载的车辆创造者奚仲等人称为"神人"，难道不也是可以的吗？

一、中国古代车的发展历史

在原始社会，人们搬动重物的时候一般是直接在地上拖行的，进而发明了将物品放到橇板上便于拖行的办法，后来人们给橇板安上滚动装置加以改进发明了车。按照史书记载，《汉书》说黄帝的时候开始"作舟车以济不通"，到了禹的时候，《史记》说人们已经能够"陆行乘车、水行乘船、泥行乘橇"了；据考古资料显示，河南洛阳偃师二里头夏朝都城遗址中，发现了我国最早的双轮车痕迹，足见我国古车发明的时间应在黄帝至夏朝期间，而且双轮车的技术已经基本成熟。春秋战国至秦始皇统一，是中国古车普遍应用的时期，中国人有了饲养牲畜的能力后，牛马拉车开始普遍，牛拉的车主要是运送货物，马拉的车则主要用于战争和王公大臣出行。特别是到了春秋战国时期，战车成为衡量国力的标准，齐桓公曾凭借齐国拥有战车3000辆成为"春秋五霸"的第一人。随着马车的应用，驾车成为专门的学问，古代人必学六艺"礼、乐、射、御、书、数"中的"御"指的就是驾车技能。而且马车配件的制造分工精细，如《庄子》中记载的春秋齐国工匠轮扁，以制作车轮为业，他认为，如何保证做出的车轮精巧是用语言无法传授的，必须靠反复实践中对制作工具和材质的手感，所以自己一生的职业就是做车轮——这也是当今我们中职学生所要学习和传承的"工匠精神"。同时，马车的发明使人们能够方便互通有无、增进交流，促进了社会进步，如商朝时期，马车使远在新疆的玉石和四面八方的铜矿资源，以及先进的制造技术汇集商都安阳，于是就有了商朝时期青铜器铸造技术和玉器加工技术的高水平、集中式爆发。在古车的应用中，驾车挽具的发明让马拉车的能力能够充分发挥，又不影响马匹的呼吸，是中国外传、给世界留下的重要发明之一。在我国，马车经历了春秋战国的广泛应用，到秦朝统一中国，秦始皇以"车同轨"的形式把各国马车车轮间距统一起来，在全国以咸阳为中心修建了九条车辙宽度统一的驰道，保证车辆行驶的快速安全，"秦驰道"也成为现代交通道路建设参考的标杆。这些也加速了秦代马车技术的飞速发展，比如陕西西安出土的秦始皇青铜车马，是按秦代真人车马1/2比例制作的，整辆马车3500余个零部件通过多种工艺组装而成，无论是青铜制造水平还是马车制造技术都是独一无二的，被称为"青铜之冠"。因此，中国古车历史悠久，其性能和制造技术水平曾长期领先世界。

二、中国古代船舶的发展历史

中国是一个海陆领域广大的国家，渔猎也是古人主要的生活方式，因此，船的技术和应用起源非常早。中国古代舟车发展是同源的，原始社会人们拖行重物的橇板，安上轮子成了车，放到水里漂浮载物就是所谓舟。据考古发现，我国六七千年以前就有了船，例如，在浙江余姚河姆渡新石器时代遗址里发掘出了木桨；江苏武进县民工在挖河的时候挖出来一艘长11米、宽0.9米的完整独木舟，距今六千多年，现珍藏在中国国家博物馆。从商朝制造木板船，到春秋时期齐国、越国开通海上航线，到汉朝发明船舵、建造楼船、设置防御墙增强水师作战性能，再到唐宋时期发明水密隔舱增强船舶远航能力，我国造船业经历了秦汉、唐宋、明清三个发展高峰期，形成了集实用性、创新性、艺术性为一体的制造工艺。至明清时期中国海船固定为四大类型：一是福船，福建和浙江沿海的尖底海船，主要特点是适合远航行驶，历史上郑和下西洋船队大多是这种船；二是广船，起源于春秋时期，主要流行于广东省、海南省，特点是适航性和续航能力强；三是沙船，是一种最古老的船型，平底、方头、方艄，适合北方水浅、多沙滩水域航行；四是鸟船，古代楚国人认为是鸟衔来稻谷种子造就了鱼米之乡，因此将船头设计为鸟嘴形状而得名，这也是我国艺术造型船的一种，我国艺术化的船只以龙船最为典型。

【拓展链接】

晋武帝咸宁五年（279年）末，益州刺史王濬率巴东监军唐彬等七万人马，乘早已造好的大小战船，从益州出发沿江而下，过瞿塘峡、巫峡，到秭归。次年二月，破丹阳城东吴守军，俘获丹阳监盛纪。又入西陵峡，探知东吴为防止晋军水师东下，在长江险矶处设置了拦江铁索，水下埋置了铁锥，遂捆扎了几十个"方百余步"的大木筏，遣谙习水性的士卒驾筏先行，筏巨水急，铁锥一一被拔除。又制作成长十余丈、粗数十围的大火炬，浸透麻油,置于战船之前,遇到拦挡的铁索即点燃火炬,烈火烧断铁索,船队畅行无阻,遂破西陵,克荆门,占夷道,走夏口,过武昌。顺江东进,直捣东吴都城建康,东吴被后晋灭掉。后来,唐代诗人刘禹锡《西塞山怀古》记载了这件事:"王濬楼船下益州,金陵王气黯然收。千寻铁锁沉江底,一片降幡出石头。"

三、舟车发展的使命与作用

舟车最初的使命是"作舟车以济不通",是为了人们之间的沟通交流,在中国历史发展中的作用主要是增进了经济、文化的交流,推动了整个社会的文明进步,我们可以通过几个历史事件来了解:

一是"王亥服牛"。王亥是殷商王朝始祖契的六世孙子,他找到牵牛要牵牛鼻子的办法驯服了野牛,发明了牛车,用牛车拉着货物到外部落交易,开启了商业贸易的先河,因王亥是商族部落的首领,后来人们把做贸易的人称为"商人",王亥被尊为"华商之祖"。可见,有了牛车才有了商人和商业贸易。

二是张骞出使西域。张骞本来是汉武帝派到西域各国商议联合抗击匈奴的,出使途中两次被匈奴扣留,辗转大宛、康居等西域多国回到汉朝,带回了西域农产品种植技术。后来张骞二次出使西域,用马车带去了大量丝绸、陶瓷、玉器等制品,开辟"丝绸之路",将中原文明传播到西域及周边。

三是郑和下西洋。明朝永乐、宣德年间,太监郑和受命先后七次率船队远航出使,最远到达西太平洋和印度洋,与30多个国家进行经济文化交流,留下了非战争目的、和平友好对外交流的大国外交典范。

【故事悦读】

夏侯婴：古今第一车夫

　　夏侯婴与刘邦是发小，《史记》上说他"为沛厩司御"，即他出身就是车夫。但是恐怕夏侯婴本人也想不到，他的一生功业，都由此而来，他这一辈子，竟然都是专业车夫。

　　刘邦起事之初，便任命夏侯婴为太仆，主管车辆、马匹。雍丘之战，他驾兵车快速进攻，一举击败李由；东阿、濮阳之战，他驾兵车快速进攻，大破秦将章邯。此后，战开封，战洛阳，战南阳，大战蓝田、芷阳，他都是亲自驾车冲锋陷阵。后来，他又以太仆之职，跟随刘邦进军蜀、汉地区。

　　西汉建国前，夏侯婴干得最漂亮的一件事，是救下了太子刘盈和鲁元公主。刘邦平定了三秦，夏侯婴随从刘邦攻击项羽的军队，进军彭城，汉军被项羽打得大败。刘邦因兵败不利，乘车马急速逃去。在半路上夏侯婴遇到了刘邦和吕后的一对子女，就是后来的汉惠帝刘盈和鲁元公主，就把他们收上车来。马已跑得十分疲乏，敌人又紧追在后，刘邦特别着急，有好几次用脚把两个孩子踢下车去，想扔掉他们了事，但每次都是夏侯婴下车把他们收上来，一直把他们载在车上。夏侯婴赶着车子，先是慢慢行走，等到两个吓坏了的孩子抱紧了自己的脖子之后，才驾车奔驰。刘邦为此非常生气，有十多次想要杀死夏侯婴。好在最终还是逃出了险境，把刘邦一家安然无恙地送到了安全地带。

　　夏侯婴自从跟随刘邦在沛县起兵，长期担任太仆一职，一直到刘邦去世。之后又作为太仆侍奉汉惠帝。汉惠帝和吕后非常感激夏侯婴在下邑的路上救了汉惠帝和鲁元公主，就把紧靠在皇宫北面的一等宅第赐给他，名为"近我"，意思是说"这样可以离我最近"，以此表示对夏侯婴的格外尊宠。汉惠帝死去之后，他又以太仆之职侍奉高后吕雉。等到吕后去世，代王刘恒来到京城的时候,夏侯婴又以太仆的身份和东年侯刘兴居一起入皇宫清理宫室,废去了少帝刘弘,用天子的法驾到代王府第里去迎接代王刘恒,和大臣们一起立代王为皇帝,夏侯婴仍然担任太仆。他竟然先后给四任领导人赶过车,真可谓是古今第一车夫。

知识测试（十七）

1. 开辟中西文化交流通道"丝绸之路"的张骞是哪朝人？（ ）
   A. 西周   B. 东周   C. 西汉   D. 东汉

2. 传说，最早教会人们养蚕缫丝的是黄帝的妻子（ ）
   A. 文姜   B. 嫘祖   C. 娥皇   D. 女英

3. 据《西京杂记》记载，发明提花织机的陈宝光之妻是哪朝人？
   （ ）
   A. 商朝   B. 周朝   C. 西汉   D. 秦朝

4. 发明三锭纺车的是（ ）
   A. 黄道婆   B. 公孙大娘   C. 谢道韫   D. 鱼玄机

5. "四大名锦"中以"历史悠久、工艺精湛、图案华美"闻名的是
   （ ）
   A. 云锦   B. 宋锦   C. 壮锦   D. 蜀锦

6. 出土了距今1.8万年的骨针的是（ ）
   A. 周口店山顶洞人遗址   B. 仰韶遗址
   C. 良渚遗址   D. 郑州大河村遗址

7. 体现我国服饰华丽之美，中国服饰发展的全盛期是在（ ）
   A. 汉朝   B. 唐朝   C. 宋朝   D. 明朝

8. 秦朝以前，衡量一个国家战力标准的是（ ）
   A. 战马数量   B. 弓箭数量   C. 云梯数量   D. 战车数量

9. 古代驾车的学问在"六艺"中被称为（ ）
   A. 乐   B. 射   C. 御   D. 数

10. 郑和下西洋发生在哪一时期？（ ）
    A. 汉朝   B. 唐朝   C. 宋朝   D. 明朝

11. 丝绸的故乡是 （ ）

　　A. 印度　　B. 中国　　C. 英国　　D. 埃及

12. 中国古代早期，丝织物称为 （ ）

　　A. 布　　B. 绸　　C. 帛　　D. 锦

13. 丝衣一般比较贵，平民一般身穿麻布制成的衣服，因此古时平民也被称为 （ ）

　　A. 布衣　　B. 庶民　　C. 杏林　　D. 疱人

14. 先秦时代的车总体来说分为"大车"和"小车"两类，"小车"车厢小，使用马拉，也叫轻车或戎车，除贵族出行乘坐以外，主要用于 （ ）

　　A. 农耕　　B. 送货　　C. 战争　　D. 灌溉

15. 在中国古代，学会穿衣的礼仪是成人应当做的第一件事，因此男子成人礼作为人生中与婚礼并重的重大仪式之一，又被称为 （ ）

　　A. 上头礼　　B. 跪拜礼　　C. 揖让礼　　D. 冠礼

第三十五讲

玉器传君子雅德

如果向人们征集哪个字最能体现美好与高尚，恐怕很多人都会选择"玉"字。在众多的奇珍异宝里，玉器以其天然的美好质地和多种美好寓意备受人们喜爱；在中国古今诗文里，常用玉来形容人的美好品质和一切美好的事物。这是因为玉作为一种物质存在，它伴随着中国整个历史时期人们认识世界的意识和应用自然能力的不断提高，形成了物质、社会、精神"三合一"的文化内涵，是中国人的伟大发明和中华文化的重要符号。

【拓展链接】

楚人和氏得玉璞楚山中，奉而献之厉王，厉王使玉人相之，玉人曰："石也。"王以和为诳，而刖其左足。及厉王薨，武王即位，和又奉其璞而献之武王，武王使玉人相之，又曰："石也。"王又以为和诳，而刖其右足。武王薨，文王即位，和乃抱其璞而哭于楚山之下，三日三夜，泣尽而继之以血。王闻之，使人问其故，曰："天下之刖者多矣，子奚哭之悲也？"和曰："吾非悲刖

图 6-35-1·和氏璧（蜡染作品）

也，悲乎宝玉而题之以石，贞士而名之以诳，此吾之所以悲也。"王乃使玉人理其璞而得宝焉，遂命曰：和氏之璧。

（摘选自战国韩非子《韩非子》）

[译文] 楚国有个名叫卞和的人，从楚山中得到一块含有美玉的璞石，就把它献给了楚厉王。厉王命令玉匠鉴别。玉匠一看就说："这只是一块石头。"厉王大怒，认为卞和是有意欺骗他，于是就下令砍去了卞和的左脚。等到厉王死去，武王登位后，卞和又把那块璞石献给了武王。武王又让玉匠鉴别，玉匠又说："这只是一块石头。"武王也认为卞和是有意欺骗他，于是下令砍去了他的右脚。武王驾崩，文王登位。卞和竟然捧着那块璞石，在楚山脚下一连痛哭了三天三夜，眼泪流尽，血也哭了出来。文王听说了这件事后，就派人前去调查原因，那人问他："天下被砍去脚的人很多，为什么只有你哭得如此悲伤呢？"卞和回答说："我并非因为失去双脚而感到悲伤，而是痛心世人将宝玉看作石头，把忠诚的人称为骗子，这才是我感到悲伤的原因啊！"文王听到

> 回报,便叫玉匠去雕琢那块璞石,果然从那块璞石中得到一块价值连城的美玉,于是命名这块美玉为"和氏璧"。

中国人对玉的认识贯穿了中华文明发展的全过程,玉器中蕴含的文化意义体现在玉的器具功能之中,主要有:

一是作为劳动工具的玉,蕴含着文化的启蒙。中华文化的物质载体,起源时期都是以实用为目的的,这也是文化的特征之一。许慎在《说文解字》中给玉下的定义是,"玉者,石之美者",也就是说美丽的石头是玉。

从远古时代,中华先民就发现玉石比普通石头质地坚硬且色泽莹润,开始将玉石磨制成刮削、砍剁、钻凿等工具,这时玉的主要功能是以实用性为主的劳动用具,但劳动人民是最善于在劳动过程中发现美的,对于一些小巧的具有良好造型及光泽的小玉石,他们会串起来挂到身上,这就是最早的玉器配饰。浙江余姚河姆渡遗址曾发掘出大量的玉刀、玉斧、玉铲等,以及28件玉料

图6-35-2·镶玉石博古插屏

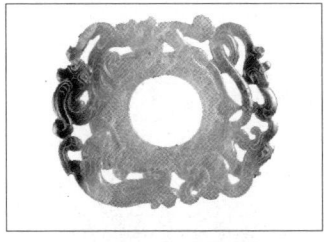

图6-35-3·玉璧

的装饰品，这就说明至少七千年前，玉已经被中华先民发现并大量使用，玉制生产工具的出现标志着自然万物开始为人所用，玉饰品的出现标志着人的思想有了信仰和寄托，开始了对美的追求。这一时期也产生了许多和玉关联的神话传说，如女娲炼五色神石补天，多余的神石散落大地成为多种玉石；西王母出席尧舜禅让大典时把美玉献给舜，表示天庭对舜帝德行的认可和尊敬等等。这时的玉传达着中华先民对自然、对祖先、对美好事物的敬仰，是中国古代人民走向文明的文化思想开端。

二是作为礼器的玉，象征着崇高。以周朝《周礼》的制定为标志，玉被赋予德的理想和内涵，玉器发展为礼仪工具，玉器的功能拓展，集道德化、宗教化、政治化于一身。比如，《周礼》用六种不同的玉，即"六器"，分别作为敬祀天、地和东、西、南、北四方神灵的礼器；还把玉做成尺寸不等的玉制品，称为镇圭、桓圭、信圭、躬圭、谷璧、蒲璧"六瑞"，皇族王爷手中拿一尺二寸长的镇圭，公爵、侯爵、子爵、伯爵、男爵各拿相应尺寸的"五瑞"，以表示身份地位的差别，这是人们对玉器崇高敬意在人际关系中的转化。

三是作为冥器的玉,寄托着不朽的精神追求。在生活实践中,人们发现玉器覆盖在人身体的各部位能够保护尸体不腐朽,汉代的时候皇帝和贵族发明了"金缕玉衣",将其作为下葬时的殓服,以空前绝后的选料、技巧、工艺,为后世留下了我国独有的艺术瑰宝。玉的这种特殊功能流入民间后,民间也会在亲人过世下葬的时候用玉器殉葬,以这种方式表达对长辈的尊敬和期盼亲人不朽的精神寄托。

四是作为法器的玉,意味着神圣的力量能给人祈福消灾。在人对自然认识有限的原始时代,鬼神信仰非常流行,作为天、地、人、神中介的巫师在为人间祈福的时候,只有拿着有灵性的玉器才能与神沟通。这种对玉器的神圣的意识,到南北朝佛、道信仰兴盛的时候更加普遍,玉制人像是对佛、道家祖师最虔诚的供奉。

五是作为配饰的玉,彰显着质朴高洁的人格追求。从发现玉开始,原生态的玉制配饰就给人们质朴的生活增添了美感和情趣。春秋战国的时候,玉饰品打破了王公贵族独享的藩篱开始在民间流行,人与人之间情谊亲密和敬意的表达常常以玉作为最高标准。唐代时期玉器的雕刻融入了人们追求美的精神和艺术创造,宋代注重自然与人文的结合,明清两朝推进了玉器雕刻技艺的进一步精湛。佩戴玉器是人们追求高雅的过程,雕刻玉器是人们创造美好的体现,欣赏玉器是人们对自己人格品质的提醒。

在中华文化中,玉以其自然的美启迪了政治家、思想家、雕刻家、诗人、画家的人文思维和无限灵感,他们把玉本身具有的自然属性,比附于人的道德品质和美好向往,形成了中国人独创的"以玉喻德"文化。从周朝礼仪中把知礼守礼视为有德的表现,作为礼仪"六器"的玉就有了道德的内容。春秋战国时期,诸子思想百家争鸣,以玉比喻人德行的学说很多,比如孔子提出了"君子比德于玉",认为玉的身上具备着人的11种德行,即"仁、智、义、礼、乐、忠、信、天、地、德、道",君子像玉一样温文尔雅,君子因此看重玉。汉朝以后,周礼制度逐步瓦解革新,儒家思想成为统治主流思想,孔子对玉的君子比拟经许慎综合提炼,在《说文解字》中将玉的五种自然属性与孔子学说中君子的道德标准联系起来,提出了玉的仁、义、智、勇、洁"五德"。随着玉的主流功能转化为生活化的艺术品,人们将最好的玉石在保持其自然造型的基础上,通过能工巧匠的精雕细琢,使玉具备了更高的艺术价值和文化魅力,而这时的中国在孔子儒家思想的影响下,君子是人们普遍的集体人格追求,玉不再仅仅是生活中的自然物件,人们在玉本身的特质中品味出了个人追求的理想境界,还从对美玉的雕琢加工中体会到了人格形成要经过磨炼的道理,玉成为中华道德内涵的承载。很多和玉有关的词语成为中华民族的人文精神的象征,如"宁为玉碎"体现的爱国民族气节,"化干戈为玉帛"体现的团结友爱风尚,"润泽以温"体现的无私奉献品德,"瑕不掩玉"体现的清廉高洁气魄,等等,这在历史发展进程中始终滋养着中国人的高尚道德和君子人格。

因此,我们学习玉的文化最重要的是在感受民族创造力中增强文化认同和文化自信,用玉蕴含的文化精神激励自己精雕细琢出玉一般的美好未来。

【故事悦读】

玉器不能贪

唐代苏鹗笔记小说《杜阳杂编》载,仰仗拥立唐肃宗、唐代宗的宦官李辅国,至宝应元年(762年)实现宰相梦后,更加"恣横无君"。代宗李豫对他恨得咬牙切齿,却因他掌控军权不得不忍气吞声,便只能在梦中梦见他被别人所杀,直到"辅国寻为盗所杀",才将所梦之事告诉身边人。

按苏鹗说法,李辅国覆灭前早有预兆:唐肃宗曾赐李辅国两块辟邪的香玉,高皆为一尺五寸,制作巧夺天工。"其玉之香,可闻于数百步",锁在"金函石匮",也不能掩住香气。"或以衣裾误拂,则芬馥经年。纵浣濯数四,亦不消歇"。李辅国把玉辟邪放在座位旁边,有一天,他正在梳洗,两个玉辟邪突然一大笑、一悲号,那个笑的笑个不停,哭的哭得涕泪交加。李辅国"惊愕失据""恶其怪",就把它们砸得粉碎,扔到厕所里。从此以后常听到厕所里有冤痛之声。李辅国所居住的安邑里,"酷烈弥月犹在",主要是玉辟邪摔碎成粉末后香味变得更浓的缘故。不到一年李辅国就被杀。当初李辅国摔玉辟邪时,他宠爱的奴婢慕容,"知是异物,偷屑二合"。李辅国之后的又一专权大太监鱼朝恩却不忌讳李辅国的灾祸,花三十万钱从慕容手中买下。结果,大历五年(770年)唐代宗捕杀鱼朝恩后,他花重金买来的散发香气的玉辟邪粉末,化成白蝴蝶,冲天而去。

其实,李辅国受贿索贿所得珍宝古玩还有很多,且都为世所罕见。譬如他夏天摆放于堂中迎凉用的植物,草色接近碧绿,基干像苦竹,叶比杉叶还细,看似干枯,却不凋落。这种草扎在窗户之间,凉气自来。还有雕刻成鸾凤状、高一尺的凤首木,"形似枯槁,毛羽脱落不甚尽",严寒之日,将凤首木放在高堂大厦中,和煦之气就如三四月的春天。所以凤首木又叫常春木。即使用烈火焚烧它,也不能把它烧焦烧黑。凉草和凤木,"或许出于薛王宅",这都是李辅国强取豪夺的。当时人们就议论,这些奇珍异香,非人臣所能拥有的。鱼朝恩不从李辅国身上吸取教训,对世人议论置若罔闻,结果走上同李辅国一样的路。

协助唐代宗铲除鱼朝恩的元载,任宰相多年,也是被"香"所杀。唐史记载,出身寒微、自幼嗜学好读、博览群书尤通道学的元载,自他任同中书门下平章事兼度支转运使到大历十二年(777年)全家被赐死前,始终独揽朝政、专权跋扈、大肆敛财,"外方珍异,皆集其门,资货不可胜计"。抄没其家产时,仅胡椒就被抄出八百石。胡椒在一千多年前可是进口的稀罕香料,一般官员是享受不到的。

笔记小说或许是作者在里谈巷议基础上的发挥,佐以因果报应的理论,不可信为史实,但故事是作者依照民心向背而有着更为深邃的事理想要阐述,更接近一则寓言。李辅国、鱼朝恩、元载利用手中权力疯狂掠夺"非人可控的奇香",结果违背了"出来混,即使混出大名堂,早晚也要连本带利还回去"的浅显道理。

(摘选自赵柒斤《为"香"所杀的巨贪》)

第三十六讲
陶瓷炼古瓷清韵

在我们的现实生活中,无论是作为普通的日常用具,还是作为精美的艺术品,碗、碟、茶具、花瓶等陶瓷用具是必不可少的,这就是中国的陶瓷。陶瓷的悠久历史、高超技术和艺术内涵,能够反映出我国各个时期的社会生活、自然追求、文化习俗、哲学观念等情况,是中华传统文化的经典物质符号。

【拓展链接】

2018年度"中国好书"之一《瓷行天下》,作者胡辛,该书引领读者领略中国陶瓷文化的博大精深和对世界文明的重大贡献,从瓷上世界理解中国理念、中国智慧、中国风格对人类命运的担当。

2018年度"中国好书"颁奖盛典赋予该书的颁奖词为:本书以"外销瓷"为切入点,追溯了汉唐至明清时期历代帝王的政治制度、个人意志和审美情趣对瓷器、瓷业和外销瓷的影响,以瓷带史,全方位呈现了中国陶瓷文化海外传播的历史沧桑,勾勒出中国瓷器行走天下、光耀世界的华美图景。

图6-36-1·陶器文物

我们可以用三句话概括陶瓷：**高雅不失实用的文明传承，双重文化特征的艺术名片，执着追求完美的精神诠释。**

一、高雅不失实用的文明传承

陶与瓷是两种不同的艺术制品，陶器的发明早于瓷器。陶器出现之前，人们没有存放食物和水的器具，生活极为不方便。因此，陶器的发明是基于生活实用的需求。

据说，发明陶器的人是黄帝时期的工匠宁封子。有一次，宁封子从河里捕了很多鱼，放在火堆上烤的时候，没掌握好火候全烧焦了，为了防止再次烤焦，他把剩下的鱼用泥封住放入火堆，这时因为黄帝派他外出办事一走三天。等他办完事儿回来去火堆里找鱼，发现了火烧后的泥坛非常坚硬，他由此受到启发，找来不同的泥土做成不同形状放在火里烧，发明了最早的制陶技术，被黄帝封为"陶正"，掌管天下烧陶事务。这就是《搜神记》中"黄帝以宁封为陶正"的传说。陶器的发明极大地改善了人们的生活，标志着人类从原始生活状态向文明定居生活迈出重要的一步。人们随后的日常生活中，陶罐、陶瓮、陶碗、陶瓶等陶器得以广泛应用。到了殷商时期，人们将陶制水管用于下水管道。西周时期发明陶瓦用于建筑，奠定了我国独特建筑风格的基础。秦汉时期又发明了在建筑砖瓦上烧出纹饰和动物造型，造就了我国

图6-36-2·陶器文物

建筑史上"秦砖汉瓦"的辉煌。在此基础上,汉朝出现具有艺术造型的陶俑,生活中也开始对陶器进行审美性的艺术加工,在随后的繁荣发展中实现了陶器的既实用又美观。比如唐朝时期的"唐三彩",种类繁多,造型新颖别致,色彩绚烂,是我国享誉世界的艺术文化之一。

伴随着陶器的发展进程,瓷器开始出现。据说商朝人们在烧制陶器时,无意间发现了瓷土和釉,按照烧陶的方法将烧陶的温度加高,烧出的成品比陶器更加圆润细致。在随后的实践中,人们不断加强瓷器的选材、造型和火候的技术摸索,东汉晚期的宁绍平原东部地区(现浙江省)的上虞小仙坛窑,烧制出了我国历史上第一批成熟的瓷器。此后,大致经历了三国两晋南北朝以青瓷为主流的阶段,隋唐五代色系上"南青北白"的阶段,宋代形成以"八大窑系""五大名窑"为主的名窑林立、繁荣发展阶段和元明清彩绘瓷器的成熟阶段。源于陶器的瓷器,"青出于蓝而胜于蓝",由此发展开来。可见,陶瓷在中国几千年的文明进程中,以其高雅的艺术性和广泛的实用性,成为中国人现实生活和精神生活中不可或缺的物质存在。

【拓展链接】

1275年夏，马可·波罗跟随父亲和叔叔与十几位旅伴一起，历时4年到达元朝大都，此后在中国国土上生活了整整17年的时间。1291年，马可·波罗将第一件中国瓷器带回威尼斯，自此欧洲人才有幸接触瓷器。8年后，他在《马可·波罗游记》中进一步描述了在福建德化窑的制瓷见闻，"刺桐城（泉州）附近有一别城，名称迪云州（德化），制造碗及瓷器，既多且美"，这是西方文献第一次提到中国瓷器。

二、双重文化特征的艺术名片

陶瓷是材质、造型、装饰三大要素的有机统一，是艺术与科学的结晶，具有物质与精神双重的文化特征。陶瓷的烧制过程，讲究依据不同的材质掌握不同的火候，比如陶器使用普通黏土烧制，温度较低，瓷器使用高岭土烧制，温度较高。陶瓷制作是人类对自然物质属性的认识掌握和智能改造。中国几千年的陶瓷制作历史，不仅是对技术追求创新，还反映了中国传统的审美观和人文追求，像瓷器装饰图案中的"岁寒三友""松鹤延年""伯牙携琴访友"等，就是中国人追求高尚品格和美好生活的人文精神体现。可以说，不同时代对陶瓷的艺术追求都是与那一时代的物质、文化相符合的。我们以宋代为例。宋代是中国封建社会经济文化的一个巅峰期，在瓷器制造上达到了巅峰，产生了汝窑、钧窑、官窑、哥窑、定窑五大名窑，其瓷器产品高贵华丽、价值不菲。这时也是传统文化中追求"玉的精神"的深刻时代，瓷器成品追求冰肌玉骨般的审美品格，瓷器图案题材以追求欣欣向荣和君子寓意内容为主，宋代瓷器也赢得了"声如磬、明如镜、颜如玉、薄如纸"的艺术美誉。陶瓷物质与文化的双重特征，不仅

 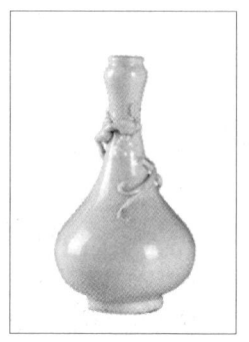

图6-36-3·陶器文物

让瓷器成为中国文化的载体，也成为中华文明的传媒。中国古代对外贸易中，陶瓷与丝绸、玉器构成了货物出口的"三驾马车"，"丝绸之路"的开辟让中国成为"丝绸之国"，瓷器的外销让中国成为"瓷器之国"，瓷器是外国人了解中国文明发展的"艺术名片"，比如英文"china"最早的意思就是瓷器，首字母大写后指中国，就是英国人把瓷器作为中国代表的结果。

三、执着追求完美的精神诠释

中国瓷器千年不衰、享誉世界，得益于中国人对制瓷技术的不断传承、突破和创新。这中间既有中国人在发明这种"土与火艺术结合"的技术中，用自然力量成就自然之美的质朴精神传承。也有在烧制过程中，对传统技艺加以改进提高瓷器艺术性的创新突破。更有中国人以韧性、耐性创造真善美的价值观念和民族精神在瓷器中的映照。河南禹州神垕镇以钧瓷著称，据说钧红瓷器的烧制最难，常常十窑九不成。古代的时候有个皇帝做了一个梦，梦见一只红似朱砂、鲜似鸡血的透亮花瓶，他便下旨让神垕的瓷匠烧制，其实当时神垕并没有烧制过这样的瓷器，烧了很多次皇帝都不满意，皇帝一怒之下限定十天，再烧不出便把所有的瓷匠满门抄斩。这时有个瓷匠的女儿叫艳红,梦中受到一位神仙指点,要用人血试火才能烧出皇上要的精品。为了全镇瓷匠全家老小的性命,艳红不惜牺牲自己以身试火,神窑终于烧出了与世无双的钧红花瓶。这虽然只是一个传说,却彰显着中国人淳朴善良的传统,也体现了中国人用生命追求美好的执着精神。因此,瓷器中蕴含着中国劳动人民杰出的民族精神和惊人的智慧创造力。

总之,陶瓷是中国人民在实用基础上,通过造型、装饰寄托精神追求,将实用与审美完美结合的独特创造,完整地体现了中华文化的历史面貌,是中华传统文化内在的传承和外在的载体,以其独特的民族文化特色彰显着悠久的中华文明。

【故事悦读】

李元亨毁瓷上海滩

张仕成见此像过不了李元亨的独眼,这才道出了他的本意。

原来,和张仕成一起去河南盗墓的,是一伙常年在上海滩仿造古瓷的日本人。他们技艺虽精,却自知行市上来路不清的高价古瓷,无人敢收,便和张仕成设下此局,想把一向以眼光精准、以诚待人著称的李元亨拖下水,好把大量赝瓷转手卖出天价。

李元亨听罢,紧闭独眼,脸上阴晴不定,直到张仕成快按捺不住时才默默点了点头。张仕成一见,顿时喜上眉梢:"李兄大可放心,日本朋友的瓷活巧夺天工,行中似李兄这般能识破者屈指可数,更不用说那些附庸风雅的睁眼瞎了。"

又过了三日,大上海的许多商贾大户、古玩藏家都收到了元宝居的请柬,称元宝居开门大吉,无意间收得海底沉船中大量国宝古瓷,不敢藏私,广邀各路朋友齐品共赏。李元亨在古玩行里十几年来的声誉和砸宝扬名的惊人之举,早已广为流传,加上如今国宝现世,有机会谁又不想开开眼呢。

鉴宝这天,元宝居大门口被各式车轿堵得水泄不通。众人一进门,就看见数十件宝光四射、形状各异的稀世古瓷,摆在几个巨大古玩架上,直诱得众人目眩神摇。几个海运阔商忍不住问李元亨可否割爱。李元亨却只是笑而不答。

待到日近正午,各路宾客齐集,李元亨才命伙计把古玩架上所有瓷品搬至后院。一时间院内流光溢彩,各式瓷器在灼热的目光下熠熠生辉,众人交头接耳,啧啧称奇。半个时辰后,烈日当午,李元亨提了一桶刚汲出的清洌井水走至后院,对尾随而来的众人深鞠一躬,道:"各位都是上海滩响当当的人物,元亨出身卑贱,本不配与各位相交,但今日既蒙垂青,无以为谢,就让各位法眼见一下这满地赝瓷的真面目。"话音刚落,李元亨猛一抬手,把一桶井水尽洒头顶。待到漫天水滴重回大地,满院赝瓷劈劈啪啪响个不停,只只表面上都出现了无数纤细的裂纹,紧接着釉块脱落,露出了丑陋的本来面目。

宽敞的庭院内,顿时鸦雀无声,那几个海运阔商更是双眼大睁,不停地擦着额头上黄豆大的汗珠。

许久,全身尽湿的李元亨长叹一声,双膝跪地,抬头望天喃喃自语:"师父,元亨今日外传了师门秘技,坏了门规,理当自废手艺,一世不见瓷器。"说完,在众人的惊呼中,从地上抓起一片尖锐的碎瓷,猛地插入泪已盈眶的独眼中。一干伙计忙抢上前去搀扶,却都被血流满面、状如怒狮般的李元亨双手推开。

"张仕成!你想当一辈子缩头乌龟吗?"李元亨一声大喝,人群中的张仕成当即满脸苍白,张口结舌无以为答。

"我李元亨虽曾是个下九流的赝瓷匠,但大是大非也拎得清,你若还是个人,就断了那吃里爬外的念想,给祖宗留些脸面。"

一口气把心中的话说完,李元亨眼中血流如注,直挺挺倒在满地赝瓷之间。

张仕成"扑通"一声跪倒在地,口中念念有词:"老天,世上竟有这样的人!"

从此,大上海日制赝瓷绝迹,李元亨下落不明。坊间传言,上海滩几位大佬已将他送至海外疗伤。也有人说,几个身份不明的来客把他接到了江西景德镇。

(摘选自"故事百科网")

知识测试（十八）

1. 中国古代物质文化最重要的特征是 （　）
   A. 审美　　B. 实用　　C. 传承　　D. 贸易

2. 古代，玉器是中国礼乐制度的重要器具，用于礼天的玉器是（　）
   A. 玉琮　　B. 玉圭　　C. 玉璋　　D. 玉璧

3. 我国最早、影响最大的金缕玉衣是在什么地方发现的？ （　）
   A. 中山靖王墓　　B. 马王堆墓　　C. 梁孝王墓　　D. 邙山汉墓

4. 象征最高权力的皇帝的印章，被称作 （　）
   A. 玉琥　　B. 虎符　　C. 玉玺　　D. 玉璜

5. 从玉器的审美发展看，哪个时期的玉器注重自然与人文结合？
   （　）
   A. 汉代　　B. 唐代　　C. 宋代　　D. 明代

6. 玉，表示洁身自爱、德行高尚，是哪种群体美德的标志？ （　）
   A. 布衣　　B. 君子　　C. 侠士　　D. 贵族

7. 发明陶瓦、陶砖，将陶用于建筑始于哪一时期？ （　）
   A. 夏朝　　B. 商朝　　C. 周朝　　D. 秦朝

8. 唐三彩的制作技术属于 （　）
   A. 陶器　　B. 瓷器　　C. 玉器　　D. 铁器

9. 宋代五大瓷器名窑中，以白瓷著称的是 （　）
   A. 汝窑　　B. 钧窑　　C. 哥窑　　D. 定窑

10. 我国从哪一时期开始烧制出了青花瓷？ （　）
    A. 宋朝　　B. 元朝　　C. 明朝　　D. 清朝

11. 人们将玉制成礼器,用在祭祀、丧葬礼仪中,包括玉璧、玉琮、玉圭、玉璋、玉琥和玉璜六种,称之为 （ ）

   A. 六品   B. 六礼   C. 六器   D. 六玉

12. 没有加工与雕琢,有待进一步艺术加工的玉石,被称作 （ ）

   A. 石头   B. 玉原石   C. 方石   D. 沙石

13. 瓷器的故乡是 （ ）

   A. 中国   B. 英国   C. 埃及   D. 古巴比伦

14. 位于中国"五大名瓷"之首的是 （ ）

   A. 钧窑瓷   B. 官窑瓷   C. 定窑瓷   D. 汝窑瓷